PIERRE
OU LA CONSOLATION

Dans la collection «Théâtre»
dirigée par Marie Laberge

Marie Laberge, *Le Faucon*
Robert Claing, *Anna*

Marie Laberge

PIERRE
OU LA CONSOLATION

Poème dramatique

Boréal

Cet ouvrage a été publié avec l'appui du Programme
de subvention globale du Conseil des Arts du Canada.

Conception graphique: Gianni Caccia
Photos de l'intérieur et de couverture:
© Jean-Guy Thibodeau, 1992.

© Marie Laberge et Les Éditions du Boréal
Dépôt légal: 2ᵉ trimestre 1992
Bibliothèque nationale du Québec

Diffusion au Canada: Dimedia
Distribution en Europe: Les Éditions du Seuil

Données de catalogage avant publication (Canada)

Laberge, Marie, 1950-

    Pierre, ou, La consolation: théâtre

    ISBN 2-89052-461-2

    I. Titre. II. Titre: La consolation.

PS8573.A1688P53   1992   C842'.54   C92-096315-3
PS9573.A1688P53   1992
PQ3919.2.L32P53   1992

*Il ne me plaît pas de croire que la mort
ouvre sur une autre vie. Elle est pour
moi une porte fermée. Je ne dis pas que
c'est un pas qu'il faut franchir: mais
que c'est une aventure horrible et sale.
Tout ce qu'on me propose s'efforce de
décharger l'homme du poids de sa
propre vie.*

ALBERT CAMUS
Noces

*Je vaincrai demain
la nuit et la pluie
Car la mort
n'est qu'une toute petite chose glacée
qui n'a aucune sorte d'importance
Je lui tendrai la main
Mais demain seulement
demain
Mes mains pleines
D'une extraordinaire douceur.*

ALAIN GRANDBOIS
Rivages de l'homme

À Martine Beaulne

Pierre ou la Consolation
de Marie Laberge
a été créée le 25 mars 1992
à Montréal
au Théâtre du Café de la Place
  directeur artistique Henri Barras
dans une mise en scène de Martine Beaulne
  assistée de Claude-Philippe Paré
des décors, costumes et accessoires de Alain Tanguay
des maquillages de Jacques Lafleur
des éclairages de Michel Beaulieu
et une musique de Silvy Grenier.

Distribution
Héloïse   *Marie Laberge*
Guillemette   *Nathalie Mallette*
Pierre le Vénérable   *Germain Houde*

Note

Cette pièce ne prétend pas être une pièce historique. L'histoire d'Héloïse et d'Abélard et la personne même de Pierre le Vénérable, tels qu'ils sont présentés, sont des interprétations très libres de l'auteure. La fiction, bien qu'elle s'appuie sur un fait supposé réel (la récupération du corps de Pierre Abélard par Héloïse en l'abbaye du Paraclet en 1142), ne cherche absolument pas à reconstituer une réalité historique.

La langue utilisée est également une création qui ne prétend qu'à restituer une «musique poétique» apparentée à la langue du XIIe siècle. Aucune assertion philologique ou linguistique ne soustend la forme langagière. Là encore, l'auteure s'écarte d'une vérité lexicographique au profit de l'invention. Vous remarquerez que l'orthographe de certains mots apparaît en ancien français, que d'autres termes sont transcrits avec la consonance ou l'orthographe contemporaines et qu'enfin certains termes «d'époque» qui risquent d'être méconnus sont expliqués en bas de page. Ce métissage linguistique est voulu et a pour ultime objet le reflet sonore compréhensible d'une langue disparue à jamais et interprétée librement.

La façon de prononcer ce texte peut soulever quelques problèmes pour l'acteur ou même le lecteur. Voici comment en recréer la musique comme je l'ai entendue en écrivant la pièce.

De façon générale, il ne faut pas faire d'élision, c'est-à-dire que toutes les syllabes sont sonores, y compris les e «muets». Lorsque le mot comporte la graphie «es», cette dernière lettre est prononcée:

deslié, ceste, restive. Dans le cas de «*mesme*» et de «*blasme*» (devant «*me*»), où le **s** a plus tard été remplacé par un accent circonflexe, je crois que la musique bénéficie d'une élongation du phonème, sans qu'on fasse sonner le **s**. C'est pourquoi les deux graphies «*même*» et «*mesme*» se retrouvent dans le texte, question de musique. Par contre, dans «*blasmable*», le **s** devrait s'entendre.

Les voyelles quand elles se suivent, doivent également être prononcées comme des sons différents: *i-eux, o-ir, be-i-ante, plo-i-ais.*

M. L.

Personnages

Héloïse

Quarante et un ans. Mère abbesse de l'abbaye. Femme digne et entière, tourmentée, sévère pour elle-même, indulgente pour autrui.

Guillemette

Dix-neuf ans. Novice. Ne connaît pas le tourment du doute; pour elle, tout est limpide: une sorte de grâce l'habite, mais rien d'éthéré, plutôt une joie solide.

Pierre le Vénérable

Cinquante ans. Prieur de l'Abbaye de Cluny, une des plus importantes de France. Bel homme viril, mince, sévère sans austérité: il dégage autant de sensualité contenue que d'humanité. Un homme qui a dû lutter contre le désir et qui porte les marques de ses attachements terrestres. Un pieux mais pas un pur esprit. Une intelligence vive qui brille surtout dans son humour.

Cette pièce se joue sans entracte.

COMPLIES

Abbaye du Paraclet, le 16 novembre 1142.

La salle capitulaire, sobre, vide. Des pierres, quelques arches, pas de feu (réservé au scriptorium). On voit passer, sous certaines arches en arrière-plan, des moniales qui, en silence, reviennent de l'office de vêpres.

Deux tréteaux de bois sont installés au milieu de la place, vides. Un chandelier est au pied des tréteaux.

Héloïse entre, portant deux brûleurs à encens, remplis de myrrhe et d'aloès. Elle les installe, brûlants, au pied des tréteaux. Puis, elle s'agenouille et demeure là, prostrée, un long moment.

Arrive, après quelque temps, une jeune novice de vingt ans, Guillemette. Elle porte un lumignon et n'est pas voilée. Héloïse ne bronche pas à son arrivée. Elle ne rabaisse même pas son voile. Guillemette effleure l'épaule d'Héloïse qui sursaute et la regarde interrogativement. Guillemette fait non doucement et laisse là le lumignon.

Elle repart.

Héloïse se relève et marche en silence, comme si elle était dans le cloître. Elle marche et s'arrête soudain pour ouvrir le psautier et y chercher une prière.

On entend, vaguement, grincer les roues d'une charrette à bœuf. Aussitôt, Guillemette passe au loin, sous les

arches, rapidement. Le carillon sonne
Complies.

Héloïse prend le psautier, remet son
voile, se dirige vers la chapelle, hésite.
Le chant des moniales s'élève dans le
silence parfait. Héloïse dépose le psautier, saisit le lumignon et allume le
chandelier au pied du tréteaux.
Inquiète, elle reprend le psautier mais
n'arrive pas à s'en aller. Elle se retire
dans une cavité formée par un pilier
ou une arche de pierre et attend un
peu, scrutant le cloître. Le carillon
s'évanouit. Seul le chant des moniales
brise le silence.

Puis, sous les arcs de pierre, arrivent
Guillemette et un homme, la face
enfouie dans le capuchon de la coule.
Ils portent un brancard sur lequel il y a
un gros sac de cuir de cerf.

Héloïse se signe et s'éloigne rapidement
avec le psautier vers la chapelle.

Les deux officiants déposent le sac
(contenant un corps) sur les tréteaux,
plaçant la tête en direction de l'orient.
La novice se signe, exécute une rapide
génuflexion, jette un regard inquiet à
l'homme qui hoche la tête en signe
d'assentiment et part rejoindre ses
sœurs à la chapelle.

Le chant de complies s'élève, très pur,
très haut dans la nuit.

Demeuré seul, le moine retire son
capuchon, approche le brûleur de
myrrhe et d'aloès du corps. Il pose

doucement la main sur le sac, puis il se
retire dans la cachette qu'avait choisie
un peu avant Héloïse. On entend le
dernier chant de complies.

Arrive Héloïse, pressée, essoufflée. Elle
dépose le psautier. Elle voit le corps, le
fixe, oppressée. Elle s'approche douce-
ment, presque incrédule. Elle fait le
tour du corps. Elle rapproche le chan-
delier de ses pieds.

Puis, elle touche doucement le haut du
sac, cette partie orientée vers l'est, elle
le touche délicatement, sans chercher à
l'ouvrir, seulement pour en éprouver
une sorte de soulagement, d'apaise-
ment.

Héloïse chuchote au début, comme si
elle laissait couler un long secret et non
pas parce qu'elle craint d'être écoutée.

HÉLOÏSE
Ainsi donc voici ce corps qui tant a brûlé
                      [ma souvenance
qui tant a hanté le repos de mes nuits
qui tant a brisé l'abandonement* de mes jours
ce corps tant aimé, tant enchéri*
que pas un seul de mes doigts, jamais,

      n'a renié
      ni oublié.

Tu es là, mon unique.
Tu es là.

---

* abandonement: abandon.
* enchéri: chéri.

Dors maintenant, retrouve cette paix tant
[promise
et jamais aquise,
retrouve félicité de quiétude.
Ici est ta maison, ici est ton épouse
que la mort t'a enfin rendue.
Dors mon aimé, repose.
Ces bras qui t'ont cerchié* au-delà d'endurement
ces bras te garderont et veilleront.

Dors, ne crains plus cri du vautour
ou appel du loup
ne crains ni gel, ni neige,
ni bruslure de vent
ni espée de soleil
une lune éternelle blesmit tes joues
une lune éternelle coule sur tes jours
comme sur tes nuits.

Fallait-il que tu sois si absent pour que mes bras,
las de se tendre, épuisés,
reçoivent enfin le prix de leur ardent
[atendement?
Fallait-il mourir, Pierre, pour que,
mille fois morte de
ton absence,
mes doigts courent sur cette peau roide à jamais
et s'esveille enfin mon âme à résurrection?

Despuis tout un mois, despuis toute une lune
Héloïse t'espère.
Nulle prière qui ne soit dite vers l'ouest
nul chant qui ne t'apelle,
il n'est pas une cloche, pas un carillon qui,
comme l'étoile de Bethléem,
tentait de t'ouvrir le voir.

---

* cerchier: chercher, rechercher.

Mille fois mes pas m'ont traînée
     à la porte scellée
Mille fois mon âme a bondi
     au-delà du mur clos
pour courir, courir comme cerf blessé
vers ma folle amour.

Comme tu as tardé mon seigneur!
Comme mon souffle s'est retréci à t'appeler
     dans le parfait silence de Dieu.
Comme mon corps s'est quartelé* à te vouloir
                                        [cerchier.

T'attendre tout ce temps que je te sais marchant
vers moi
roide et mort
l'idée enfin séchée dans les os
gisant glacé dans son sac
t'attendre, hissée vers ce point qui, du couchant
                                        [au levant
vient vers moi
t'attendre lors que la mort saisit son fief
pour ovrir et ordir* tes chairs
t'attendre a mortefié* ma déploration,
ma désolation.
Ne demeurent que quiétude et délivrance.

Moi qui tant t'a quéri, apelé, désiré
moi qui, de honte, peut pleurer à en avoir les
yeux battus
ne connais, en cet instant, que païen
                              [contentement
          de te tenir.

Te tenir enfin, mon aimé
t'arracher à la terre et t'ouvrir mon sein
                              [ma ventraille*

---

* quarteler: écarteler
* ordir: salir
* mortefier: mortifier
* ventraille: entrailles

t'arracher à la terre et t'enserrer*
        même transi*, même charogne,
au cœur de mon cœur
en la terre que toi-même a remuée*
            que toi-même a nomée.

Mon seigneur, mon aimé
te voilà de retour
te voilà en Paraclet, la bien nomée
te voilà en Consolation.

Despuis la fenaison, Dieu a disposé de ton âme
et d'avant que la vigne soit toute grapillée,
je sais qu'on te quière
pour que bellement je t'enterre.
Or, despuis ce savoir, l'âme mienne s'en est
                                    [allée.

Ai dit et chanté vêpres et laudes et complies
et toutes choses saintes
ai cheminé et murmuré avec vaillance;
à genoux, debout, n'ai cessé mon labeur
                                    [journalier
mais mes pieds avançaient sans Dieu
        mes genoux ploiaient sans Dieu
            et mes lèvres murmuraient en pleine
                            [absence de Dieu.

Despuis que l'âme tienne s'en est allée
n'ai pu trover Dieu qu'en un seul lieu:
celui de te remembrer* à Lui
celui de Le prier de te bien prendre garde
celui de Lui mander de te garder entier et sauf
pour ce jour délicieux où Il m'accordera
                            [délivrement.

Deci à ce jour, Dieu sera en tienne demeure.

---

* enserrer: enfermer, serrer
* transi: mort
* remuer: changer
* remembrer: remettre en mémoire

Me livrer à douleur ne te fait plus outrage
et ce manque même de sévérité blesse ma
[désolation.
Qui saura maintenant cesser le flux des pleurs
[d'Héloïse?
qui, maintenant que te voilà en allé,
m'abreuvera de reproches
se ralliera contre ma despérance
qui, mon bel, mon seul aimé
qui saura chastier l'indigne qui se terre en moi
et piaffe et se tord et convoite
l'impossible?
Qui saura taire ma rancune
et ce cri que même Dieu en sa miséricorde
ne peut absoudre?

Ce matin, te sachant venir dans l'automne glacé,
tout le long de ces jours minces que la
brume* grignote,
ce matin, de mes mains, une à une
j'arrachai les mottes à la terre dure
pour t'y forger un creus*.
Héloïse ne fut pas plus fermée à Dieu
que la terre à mon labeur.
Et te le dis, mon aimé,
cette terre restive* et fermée sur elle-
[même
cette terre qui me maudissait de la fendre,
[de l'ouvrir
cette terre mauvaise à mes soins
ne nourrissait que dédain pour mon
[entreprise
et j'en conçus un instant l'orible*
[inquiétude

---

* brume: hiver
* creus: creux, cavité
* restive: résistante
* orible: horrible

que Dieu, devant la mienne vanité
　　　　à ne Le point considérer
　　　　à Le si mal célébrer
que Dieu, soudain vengeur et aussi
　　　　　　　　[vindicatif
que mon oncle, le chanoine Fulbert
que Dieu saurait bien me chastier
en refusant ta rédemption.
Et craignant tout soudain que Dieu ne s'ofendre*
de ma pauvre flambe
qu'Il ne te blesse que pour mieux chastier
mon improperie*
ai couru, laissant là la terre baieante
pleine de cet orgueil désolé,
ai couru en prières
mander le pardon.

　　　　*Un long temps. Elle pose sa main au
　　　　niveau de la poitrine de Pierre.*

HÉLOÏSE
Pierre...qu'est le pardon?
Comment, par quel chemin le conoistre?
　　　　　　le reconoistre?
Comment mander à Dieu ce que soi-même
　　　　　　méconoist?
Comment soplier pour un bienfaire en tout
　　　　　　mystérieux?

Pour toi qui, sans faillir, a estudié le divin
　　　　　　a cherché à araisoner*
　　　　　　　　[la Trinité,
pour toi qui vaillant, de toute ta savance,

_____

* s'ofendre: s'offenser
* improperie: honte, opprobre
* araisoner: plaider, discourir

a voué sa vie en explication de toute chose par
                                        [Trinité
ma question sera vaine et de peu de poids.
Mais la tienne épouse dans son desvoiement*,
                        dans sa dégection*
n'a trouvé que silence devant sa hurle*.
Qu'est le pardon?

Pardonner, cette vertu de Dieu prestée aux
                                        [humains,
ne sais, dans la noireté de mon âme,
que nomer la chose.
Comment pardonner quand le corps, souple à
                                        [désirance,
flagellé, supplicié d'elle
se tord et réclame?

Comment pardonner quand chaque pierre,
chaque dale du cloistre qui, cent fois cent fois,
        a vu mon corps ploier
        s'épuiser d'apelement,
        a essuyé le sel de tant de larmes
        que, tels les cheveux des vieillarts,
        la pierre en a pâli?
Comment pardonner quand chaque dale porte,
        inscrit en son centre
        au pointillon de ma despérance
        l'appel plaintif du paradis perdu?

Ève pardonna-t-elle jamais à Dieu
le pris terrible de son dévalement*?
Son courroux, sa fureur furent-elle moins
                                        [terrifiantes

----

* désvoiement: égarement
* dégection: abjection
* hurle: cri
* dévalement: chute

que le bruit lugubre des portes du cloistre
  sur l'amour mienne?
De quelle vilenie* ne me suis-je nomée?
De quelles averseries* n'ai-je point rêvé pour
mon oncle Fulbert!
De quelles rancunes n'ai-je point noirci mon
        [cœur,
seule au fond de ma cellule,
les os brisés par la charnale*,
le ventre mortefié sous la haire* de ta peau en
        [allée,
la bouche desséchée de tant avoir appelé ton
        [nom?
Comment pardon saurait-il pénétrer en un
        [cœur
  si fier, si vain*?

Comment mander pardon quand genoux, cou,
ne ploient que sous empire de souvenance?
Quand seule emprise de désirance corbe le corps
quand servitude ne vient que de luxure
quand réponse n'est donnée qu'à ta voix?
Quand seul règne le temporel
et que l'âme semble en fuie de ce corps à jamais
ou en fuie si loin que rien n'en tresparaît
pas la plus infime partie,
pas la valeur de l'ongle sur le doigt.

N'ai su, de ma vie, ne mander que ton pardon
n'ai su réclamer que la fièvre du corps
  que désordenement* des reins
  que fol désenchevestrement* des sens

---

* vilenie: conduite vile
* averserie: malheur, désastre
* charnale: sensualité
* haire: misère, douleur
* vain: vide
* désordement: désordre
* désenchevrestrement: débridement

n'ai voulu, gémi, compati qu'aux choses les
                                    [plus basses
moi qui désirais tant élever âme et esprit,
n'ai su incarner que désir et corruption de chair
sensualité licencieuse et pitoyable.

Et tout maintenant, devant ce corps
                          que ravage la mort,
désirance me mord
et ne sais hurler ni pardon ni regret
hormis celui de ne pouvoir encor
une fois encor
m'englotir en toi jusqu'à descience*
jusqu'à ce que le nom de Dieu même
ne soit plus que ruine.

Pardon pour quoi, Pierre?
Pardon pour qui?
Que me veut-on?
Que dans une faille* du vouloir je mette en oubli
                les heures lumineuses de ma vie?
Que dans un fol emportement je renie
                et ta couche
                et ton nom?
Je sais bien, moi, où coulaient le lait et le miel,
je sais bien où l'or luisait
les clés du paradis tintaient dans tes mains
quand tu fouillais l'or liquide de mes cheveux
et les coulais contre ton ventre nu
mes cheveux desnoués, abandonnés à tes
                                    [caresses
linceul des linceuls qui couvrait nos estreintes
mes cheveux aromatisés de girofle que je tressais
                me languissant de toi.
Seize ans, mon aimé, seize ans que ces cheveux

---

* descience: non-savoir, qui a perdu le sens
* faille: manquement, défaut

étaient tressés, peignés, parfumés pour toi.
Seize ans, ce corps luisant* et soyeux que tu liais
et desliais à ton vouloir.
Seize ans quand de jovencelle la loi d'amour
me fit épouse.
Seize ans, mon maistre*, quand, pour esciter mon
                              esprit à connoissance,
tu mis turbulence en mon corps
et que, du haut comme du bas,
notre acordance était en pleineté.

Pardon pour quoi?
Je sais nom de toutes choses en ton seul nom
je sais sentir de toute chose en ta seule main
pucelle j'étais et la rose ne désestimait point
                                        [ma peau
et dans ce verger croulant de fruits mûrs
                    c'est mon sein que tu pris
                    c'est mon fruit que tu fendis
et jamais dans l'azur l'or du soleil ne fut plus
                                        [ruisselant
et la terre s'ouvrait, molle et chaude
pour faire lit à nos corps esblouis
et le thym et la sauge encensaient tes cheveux
de tout mon savoir, le maistre tu étais.

Et là que déclin me vient
là que te voilà au jardin desséché
dans ton ardeur apaisiée
là, seule Héloïse saura exalter
l'esplendeur des jours d'autrefois
où dans le lit sans chandelle
estreintes et plaisir roulaient
comme pierres au torrent.
Il n'est que de toi qu'extase et brisure puissent
                                        [naître

---

* luisant: lumineux
* maistre: maître

il n'est que de toi que j'en puisse connaître
et que de toi ma souvenance n'est bastie
point d'enfance, point d'estudes
le passé en allé au fil de tes doigts sur ma peau
tes doigts esvanouis pour ne laisser
que brûlure et misère
que plaintes et complaintes
piteuse à jamais, à chercher le pain et le sel de
[la vie
dans la malpensée de nos baisers en fuis.

Pardon de quoi, Pierre?
Du miracle de jouvence
de la jointure* rare et lumineuse des sens et de
[l'amour?
de cette feste glorieuse et frémillante* de plaisirs
où tu sus me célébrer?
De quelle malice divine provient convoitise
si en tout
elle doit s'interdire?
Ces clameurs que tu arrachais à mon plaisir,
aucun psaume, jamais, ne me les arracha
et le grognissement* de plaisir vaut bien celui
[de déplaisir
et l'oie* de Dieu ne s'y trompe pas qu'elle exige
sans faielure
ce son sacré de mes incantations.
Et ce son,
seule sovenance de ton corps vibrant, ostiné
aux creus les plus cachés du mien
seul le païen le plus desfrené
élevait ma voix vers le sacré
et produisait le son.

---

* jointure: accouplement, assemblage
* frémillante: ardente, impétueuse
* grognissement: grognement
* oie: ouïe

Ces délices et ces plaisirs qui furent nostres
                                    [font ma félicité.
Et rien en moi ne réclame pardon pour ces
                                    [desmesures.
Et rien en moi ne pleure regret si ce n'est de les
                                    [persévérer.

D'une fausseté de regret, que peut faire Dieu?
Le seul pardon s'épuisant en moi est celui que
mon âme cherche avec despérance: nos corps
auront-ils réparation?
L'autre pardonement n'est que mentir et félonie*.

Pierre, puis l'avouer maintenant
        suis entrée dans le sépulcre
                du temps sans toi
                du temps dénié de mon amour
                du temps repentir
                que n'estreint aucune consolation
        le cœur empli de mélancolie.
        Et du fond de désolation
        ai apelé
        et ne me nomais pas de Dieu
        et le cri avait tout du forsené*
        mais la terre et le ciel ne recelaient que le
                                    [vuide*
                de mon apelement répété
        et sur les murs blanchis
        du tombeau de mon amour
        ne demeurait que le résonement de mon
                                    [cri
        rendu fol
        le résonement empli de son vuide

---

* félonie: trahison
* forsené: fou
* vuide: vide

qui se brise sur les murs enclos,
ce plein faussé aussi apelé Dieu.

Dieu, dans la noireté infinie de mon abandon
Dieu fut le seul nom permis pour appeler Pierre.

Est-il pénitente plus félone que dame abesse
qui, traiteement*, murmure le nom de Dieu
            comme on soupire le péché
            comme on soutire au soleil
          une chaleur déplacée.
Qu'elle est loin, la réfection de mon âme!

      *Un temps. Elle regarde la nuit et les
      étoiles. Revient vers lui.*

HÉLOÏSE
Dieu a crié, tout empli de regrets:
"Père, pourquoi m'avoir abandonné?"

Si cela est vrai,
et rien ne m'en assure,
mais si cet homme, dans un temps ancien
               enfoui sous les saisons,
si cet homme a connu cette plainte,
lors, il sait tant que moi
      que nul ne peut cerchier pardon
      avant d'avoir épuisé sa plainte
      avant d'avoir franchi, genoux écorchés,
         des nuits et des nuits
         de désirs stériles
      avant d'avoir, face contre terre
         dents contre pierres
         et le corps livide du frime* de
                    [l'absence

---

* traiteement: traîtreusement
* frime: frimas

soplié*, imploré, adjuré, conjuré.
Avant de s'être soi-même damné et
[maldit.

«Pourquoi m'avoir abandonné?»
Ai tant voulu ouvrir ton silence
ton absence
tant désiré me bercer du réconfort de tes lettres.
N'as jamais su, Pierre, répondre à cette question
sur convoitise.
Toi, si sage, si empli de ta savance
bredelais* pour me répondre
en devenais simplet de repentement
pour Dieu
toi, si avisé, te nomais de Dieu pour toute
[réponse.

Si tant bannie, convoitise fonde certes
le lit de notre amour.
La question, même destruite par mutilation
qui te fut faite
même désabitée
la question demeure en moi
comme fer brûlant.

Pourquoi m'avoir abandonnée?
Même à Dieu, pourquoi m'avoir abandonnée?
Si tant est que convoitise devait s'esteindre,
une fois notre chasteté assurée par la main
[desloiale*
des chastreux de porcs,
pourquoi m'avoir délaissée pour jamais?
Une fois la punition divine achevée par
l'escouilleur, mon oncle,
pourquoi m'avoir abandonnée?

_____

* soplier: supplier
* bredeler: bredouiller
* desloiale: déloyale

Puis que notre amour courait
    au-delà de convoitise
    au-delà de désirance vile
pourquoi la dégetance* pour tout cortège
à douleur et dégradation de corps?

Qu'est le pardon de Dieu si,
porsuivant la main injurieuse de mon oncle,
tu avilenis* le vif de notre amour
tu corromps ce qui dans l'esprit peut croistre
tu me damnes à malpenser
tu me livres aux incubes qui, la nuit venue,
me visitent sans trêve
me jettent hors mon grabaton*
fiévreuse, moite, égarée
suppliciée dans mon corps
comme dans mon esprit?

En quoi âme aussi torturée peut prier?
Le chanvre afebli* ne peut rendre fibre solide
pour filer
l'âme mienne, esgarée de désirance
estourdie de soupirs
l'âme mienne, enchaînée à sa perte,
anéantie de ta désavouerie*
l'âme mienne ne sait qu'infamer Dieu.

Qu'est donc amour qui faillit
s'il ne s'incarne dans une coulée peccamineuse*?
Le chanoine mon oncle, portant atteinte à
ton masle membre
tranchait aussi ton noble sentir?
La tienne amour n'était que fraileté*?

---

* degetance: action de rejeter, chasser
* avilenir: avilir
* grabaton: petit lit
* afebli: affaibli
* désavouerie: abandon
* peccamineuse: pécheresse, coupable
* fraileté: faiblesse, fragilité

Voilà où désamour me conduit.
Voilà que de Dieu, j'en suis à douter de toi.
Voilà où l'ire me mène de sa main dure.
Toujours Pierre, je me dessèche dans mon
lamentement
je me désabelie*
en basses paroles
en raisonnements lascifs
en désavenances*.

Et ni le voil, ni ta mort
n'achèvent ma plainte.
Qui taira ma peine?
Qui endormira mon torment?

J'entends, Pierre
et sais depuis ce jour où les portes
du couvent d'Argenteuil ont fermé ma vie
que Dieu devrait prendre toute peine.
Or, Dieu ne se saisit que de mon doute
et s'Il me blâme, ce n'est pas tant de mon amour
                    ou même de ma licence passée
mais bien de mon courroux.

Les cloches sonnent. Héloïse sursaute.

HÉLOÏSE
Mais voici déjà matines. La nuit est pleine.
Je me dois à l'office.
Guillemette, une de mes filles encor novice
viendra porsuivre la vigile deci mon retour.
Ne tarderai point Pierre.

---

* désabelir: cesser d'être beau
* désavenances: inconvenances

MATINES

On voit les moniales marcher vers la chapelle. Guillemette arrive. Héloïse remet son voile. Guillemette lui fait signe de la tête pour montrer qu'elle reste là. Héloïse prend le psautier et s'en va. Guillemette s'agenouille. Pierre le Vénérable sort avec prudence de sa cachette.

PIERRE
Ma fille...

Guillemette sursaute, se lève, se signe, baisse la tête.

PIERRE
Si tu désires dire matines, je veillerai, sois sans peur.

Guillemette le regarde, hésitante, muette.

PIERRE
La mère abbesse a besoin de toutes ses filles en cette nuit.
A prime, je célébrerai.
Tu peux aller, je demeure.

GUILLEMETTE *(Elle chuchote.)*
Que pensera ma mère me voyant surgir?
N'est-ce pas pire pénitence de me voir là
         que de me penser ici à prier?

PIERRE
Tu es fine, ma fille...
Connais-tu bien le cœur de ton abbesse?

> *Guillemette, mal à l'aise, recule, jette un*
> *regard au corps, gênée et de parler et, de*
> *plus, de le faire devant un gisant.*

PIERRE
Pierre Abélard ne peut que t'absoudre par son
silence maintenant.

GUILLEMETTE
Parler n'est pas coutume.

PIERRE
Si j'en crois ta face découverte, tu es novice.
Tes vœux ne sont pas prononcés?

> *Guillemette fait non, silencieuse.*

PIERRE
Tu souhaites prendre le voil?
Prononcier tes vœux?

GUILLEMETTE
Que si! Je désire prendre la droite forme du vivre.

PIERRE
Ici?
Dans cette abbaye?
Pour toujours?
Tu es certaine? Tu me sembles bien jeunette.

GUILLEMETTE
Que non, mon père: bientôt vingt ans!
Ici est ma maison, mon seul lieu.

PIERRE
Cette vigile, l'as rusée avec dame Héloïse?

GUILLEMETTE
Rusée?...ma mère désirait être seule à veiller.
Tout de bon, ai promis de faire complies, matines et laudes ici, en sa place.

PIERRE
Pourquoi ne pas convier toutes les moniales à prier pour leur abbé?

GUILLEMETTE
Mais nous prions! Dès à présent, le faisons.
L'avons toujours fait, qu'il fût vif ou mort.

PIERRE
N'ai point de doutance: jusque ci, nul abbé ne dut recevoir aussi nombreuses et ferventes prières!

Un temps. Silence de Guillemette qui regarde par terre et quelquefois cet homme, intriguée.

PIERRE
N'est-il point de réponse à ma question?
Connais-tu le cœur de ton abbesse?

GUILLEMETTE
Mon père, qui le connaît?

PIERRE
Cet homme que fut son époux, peut-être.
Moi, qui reçus ses lettres, peut-être.
Et toi qui l'as vue prier et tomber en despérance...

GUILLEMETTE *(Étonnée.)*
En despérance, mon père?

PIERRE
Ce n'est pas juste?

GUILLEMETTE
Ne sais. Ma mère n'est pas rieuse, mais son cœur
est calme et paisible.
Ni en paroles, ni en actions ne s'abandonne.
Elle incite à dévotion, à méditation, sans mot
dire, tout par sa tenue.
Jamais ne l'ai vue en despérance.
Mesme* ce jour où missive nous vint de la mort
d'abbé Abélard, mesme ce jour, nul
complaignement* ou autre clameur, aucune.

PIERRE
Mesme ce jour, son regard n'a point failli?

GUILLEMETTE
À mes yeux, non mon père.
En son cœur, ne puis parler.

PIERRE
Quelle femme singulière*...
Dis-moi ma fille, tu connais la fable de la mère
abesse?

GUILLEMETTE
La fable?

Pierre montre le gisant.

PIERRE
Tu sais que fut cet homme?

----
* mesme: même (se prononce sans le «s» en allongeant le
phonème)
* complaignement: plainte, gémissement
* singulière: particulière

GUILLEMETTE *(Prudente.)*
Un savant de Dieu?...

PIERRE
Oui. C'est tout?

GUILLEMETTE
Un homme de savoir des livres saints, des Écritures, champion des joutes oratoires, magestre*. Père fondateur de cette abbaye qu'il remit à dame Héloïse lors qu'elle fut chassée d'Argenteuil par le père Suger.

PIERRE
Et... c'est tout?

GUILLEMETTE
Vous avez dit à l'instant, son époux...

PIERRE
Ne le savais-tu point ma fille?

GUILLEMETTE
Oui. Et sais aussi la renomée des amours passées de dame Héloïse et d'Abélard. Les chansons me l'ont apprise.

PIERRE
Les chansons d'amour de Pierre Abélard?
Elles sont venues à tes oreilles? Après si long temps...

GUILLEMETTE *(Sourit.)*
Encore en ma jouvence, les jouvenceaux les chantaient.

PIERRE
Vrai? Il t'en souvient?

––––––––

* magestre: maître

Guillemette fait non de la tête, moqueuse.

PIERRE
Ni air, ni paroles?

Guillemette fait de même.

PIERRE
Et c'est tout?

GUILLEMETTE
Sais aussi que blessures et damages furent faits à l'abbé Abélard, qu'à martir il fut mis en son masle corps. Sais que de ce jour, notre mère prit le voil et prononça ses vœux.

PIERRE
Connais-tu sentement d'amour, ma fille?

GUILLEMETTE
De ma vie, n'ai aimé que Dieu.

PIERRE
Nul chevalier, nul vilain*? Aucun époux pour toi?

GUILLEMETTE
Mon époux est ici, en cette maison où silence et prières lui sont consacrés.
N'ai connu d'amour que les abords sacrés.
Nulle main d'homme, jamais, n'a deslié mes cheveux.

PIERRE
Et tu en as regret?

---

* vilain: paysan

GUILLEMETTE
Ne sais...les jeux de l'amour sont mistères pour moi.
Quand, fille encor très jeune et dépourvue de sagesse j'étais, il y avait en mon village Arnaud, homme de belle figure...

PIERRE
Arnaud...

GUILLEMETTE
Mort en chevalier, sans souiller sa pureté.
Mort en croisades, pour Dieu.
À l'envi, tous admiraient sa piété et sa vaillance.

PIERRE
Et Arnaud avait ton amour?

GUILLEMETTE
J'aimais Dieu en Arnaud.

PIERRE
Et désirance n'avait aucune place en ton cœur?

GUILLEMETTE
Jamais convoitise a trébuché en mon amour.

PIERRE
Heureuse âme.

GUILLEMETTE
En aucun lieu n'ai eu envie pour les choses désirables de ce monde.
À m'en écarter, n'ai jamais eu vertu.

PIERRE
Bien peu ont ce cœur tranquille et serein.

GUILLEMETTE
Il suffit d'oir*. Dieu s'entend partout.

---

* oir: ouïr, entendre

PIERRE
Il en est pour qui la clameur du monde et les tentements qui sont siens occultent le son de Dieu.

GUILLEMETTE
Voilà le pourquoi de ma venue au silence: pour mieux entendre Dieu.

PIERRE
Et à parler, je t'enjoins...

GUILLEMETTE
Vous aimez, comme notre abbé, les joutes oratoires. N'ai pas de force pour vous, suis trop simplete*.

PIERRE
Non pas, ma fille: invincible te rend la pureté de ton cœur. Elle dévie toutes les lances. Dieu fasse que dame Héloïse jouisse de cette pais.

GUILLEMETTE
Vous craignez d'elle?

PIERRE
Grande est sa force et sa vaillance.
Mais grand aussi est son délaissement.

GUILLEMETTE
En son amour, Dieu ne délaisse personne: notre mère le dit d'elle-même.

PIERRE
Dieu, non. Mais nous, povres humains...Nous tenons beaucoup de la brebis et fort peu du berger.

---

* simplete: naïve

On entend les moniales chanter le finale de l'office de matines.

GUILLEMETTE
Je dois dire matines maintenant, mon père.

PIERRE
L'office est à sa fin. Pardon, parler m'était nécessité.

GUILLEMETTE
Peut-être avez-vous faim? Pour moi, quand parole me prend, c'est que apétit me crie. Glouterie* est ma malice. Diablerie pour moi est dans toute mangeaille. Dame Héloïse a mandé qu'on vous soigne bien. Je peux vous quérir du pain et aussi des pommes: une paisanne en est venue porter à dame Héloïse pour merci de ses bienfaits.

On entend la fin de l'office, ce qui n'échappe pas à Pierre.

PIERRE
Dame Héloïse est aimée?

GUILLEMETTE
Oh mon père, si vous saviez! Respectée et aimée de tous. Elle...

PIERRE *(L'interrompt.)*
Pardon, mais si un fruit ou du pain se trouvait en cellier, en serais heureux car j'ai grant faim.

---

* glouterie: gloutonnerie

GUILLEMETTE
De suite!

Le chant diminue. Les moniales commencent à sortir de la chapelle. Guillemette les voit, revient sur ses pas.

GUILLEMETTE
Dites à...

PIERRE
Allez en pais, je m'arrange du reste. Allez!

Guillemette s'éloigne vivement.

Pierre retire son capuchon et se place derrière le corps d'Abélard, près de sa tête.

On entend le bruit sourd des jupes d'Héloïse avant de la voir arriver. Elle arrive en effet, pressée de retrouver Pierre Abélard. Elle s'arrête, surprise et déçue de trouver Pierre le Vénérable. Elle se détourne un peu, le temps de déposer le psautier pour reprendre contenance.

HÉLOÏSE
Encor en pied, mon père? Vous croyais au repos après si long voiage.

PIERRE
Ne suis pas en peine, dame Héloïse, et voulais veiller nostre ami durant matines.

Héloïse se retourne vers lui, surprise.

HÉLOÏSE
Mais... une novice...

PIERRE
L'ai enloignée.

HÉLOÏSE
Et comment donc? Et pourquoi n'a-t-elle pas joint la prière?

PIERRE
Elle sort à l'instant pour me quérir quelques mangeailles et... me laisser vous parler, bien que ignorante de ce dernier proposement*.

HÉLOÏSE
Me parler, mon père? En cette nuit?

PIERRE
Oui, même connaissant la charge de cette nuit. Et pour amour que la nuit soit moins lourde à votre cœur.

HÉLOÏSE
Dieu soutient et mon cœur et mon dos. Ferme est mon regard et mon maintien.

PIERRE
Dieu a large dos.

HÉLOÏSE
Que dites-vous?

PIERRE
Seulement que l'abbé que voilà a soutenu grande part de votre fermeté et que là qu'il est en allé, mon bras, comme baston, veux vous tendre.

---

* proposement: intention, dessein

HÉLOÏSE

La mienne vieillesse n'est pas si grande que je ne sache marcher seule.

PIERRE

La mienne est plus pesante encor. Corage et vaillance en vos pires peines sont vostre loi. N'offre mon bras qu'en sollicitude, croyant par vos lettres reçues mériter un peu de votre fiance* passée.

Elle le regarde, pensive.

HÉLOÏSE

Grande est ma fiance en vous et le savez. De ceux-là qui, à ce jour, témoignent de ma vie, vous seul avez connoissance de la tormente* que fut le silence de Pierre Abélard.
Et si durer me fut possible, c'est par les lettres que nous avons eschangiées qui, toujours, metaient balme* sur mon cœur meurtré.
Vous tenez ma fiance, ne doutez pas.
Mais cette nuit est celle de l'à Dieu et des lamentations.
Les transports de deuil requièrent silence et prières.

PIERRE

Despuis cette lettre déjà ancienne où mortel anoncement d'Abélard fut dit, le temps de deuil s'est acompli.

---

* fiance: confiance
* tormente: torture
* balme: baume

HÉLOÏSE

Le temps conduit-il les transports de l'âme?
Peut-il alléger doliance*?
La mienne déploration demeure quoique le
corps devienne charogne.
Qu'y puis-je mais si mon cœur ne sait obéir aux
lois des lunes et des saisons?
La poison de l'amour a de si long temps pénétré
mes chairs que ne saurais estre sans ses brus-
lures.

PIERRE

Ne vous livrez pas si entièrement à cette douleur.

HÉLOÏSE

Et pourquoi non? Pourquoi taire et frémir du
savoir de cette folle écartement?
Pourquoi nier ce qui est et sera?
Là encor, Dieu s'en trouvera ofusqué?

PIERRE

Dieu est mort d'amour pour ses frères, tous ses
pareils.

HÉLOÏSE

Et l'amour d'un seul homme est ofense à Dieu?
Croyez-vous, comme mon époux, le mien amour
vil parce que souillé du péché de luxure?
Le direz-vous destitution infamante de l'âme que
l'on se doit de fuir comme fange?

PIERRE

Je sais peu de ces choses.

HÉLOÏSE

Vous êtes homme de Dieu, homme de savance,
pourquoi ne pas répondre?

---

* doliance: tristesse, affliction

PIERRE
Parce que ne sais.
Ne sais que la règle.
Ne sais que les Ecritures où mille fois le mot amour résone, comme prière, comme lamentation.
Ne sais que le Cantique des Cantiques où est dit tant d'aveux bellement, non portant ne sais que faire d'amour.
Ne sais que faire de cœur qui soupire et s'émeut en son appel.
Ne sais que faire de cœur qui réclame.
Que faire d'amour qui, bien que petitement, luit de sa flamme grêle?
L'étincelle est au brasier ce qu'amour humain est à amour divin. Le damner parce que chaitif, ne serait-ce point s'enloigner du seul petit chemin vers rédemption?

HÉLOÏSE
Poursuivez...

PIERRE
Dame Héloïse, ne sais parler en nom de Dieu que pour les choses sacrées.
Et le sacré se tait sur apétit qu'entraîne amour.
Peut-être est-ce rareté, peut-être est-ce grant danger pour l'âme chiche que désirance.
Désirance peut englotir* toute honnêteté
désirance peut oscurer* toute lumière de foi ou de Dieu,
désirance peut desvoier et rabaisser.
Comment disjoindre apétit et amour?
Destruire désirance sans destourner amour?

---

* englotir: engloutir
* oscurer: obscurcir

HÉLOÏSE

Et si en désirance se couchait la vie?
Et que son lit empêché devenait diablerie?

PIERRE

Il faut araisoner ses sens et leur embrasement
hors du mariage.

HÉLOÏSE

Mais qu'est mariage auprès de la folle force de
désirance?
Qu'est l'araisonement auprès de la chair labou-
rée de l'envie, la chair en absence, frémillante,
qui ne cesse de havir*?

PIERRE

Mariage est chose sacrée.
La chair lui doit obédience*.
Mariage seul autorise la chair.
Si tant est que Dieu jugeait le vostre mariage
ofendant, Il en a rompu l'état.

HÉLOÏSE

En la mienne vie, mariage fut la seule ofense.
Me suis étourdie à veintre* Pierre.
Pour aplanir la colère de mon oncle Fulbert,
pour redonner pureté à ce qui semblait
déshonneur,
Pierre voulut acheter pardonance par mariage.
Aucun acte de cette veine ne peut apaisier Dieu.
Et c'est mensonge que de le prétendre.
Et c'est vice que de le croire.
Plus haut, plus fier que ces manœuvres
infamantes est Dieu.
Toujours l'ai répété à mon époux,
toujours il combattit pour réparation par
mariage.

---

* havir: désirer ardemment
* obédience: obéissance
* veintre: vaincre

PIERRE
Le gré de Dieu à désirance?

HÉLOÏSE
Non, mon père, que non!
Dieu n'a rien consenti.
Rien autorisé.
Lors que épouse et mère j'étais, d'où vient que
honte et remords d'acomplir les gestes de
l'amour me prenaient?
En ce couvent d'Argenteuil où, pour me cacher
suis entrée, pourquoi, quand Pierre m'y mandait
fornicacion, cruelle amertume me prit?
Si ce n'est que Dieu n'a rien consenti, pourquoi
jouissance devint-elle coupable à mes yeux?

PIERRE
Pour que vous étiez déjà femme de Dieu?

HÉLOÏSE *(Elle sourit, narquoise.)*
Déjà?

PIERRE
Oui, déjà en ces temps torturés où désirance et
blasmables actions se disputaient continence et
chasteté.
Et si Dieu a nom de désirance pour vous?

HÉLOÏSE
Quelle grande miséricorde est la vostre.
Dieu lui-même n'y aurait pas songié.
Ne m'esmez* pas plus que de raison: mêmes
licencieuses mes amours étaient délicieuses et si,
pour l'abandon, je devais lutter contre mon
époux, il n'est que déchéance perverse qui
gagnait.

---

* esmer: apprécier, estimer

PIERRE

L'épouse doit soumission au vouloir de son époux.

À lui est tâche de la protéger.

HÉLOÏSE

Le franc vouloir appartient à chacun mon père.

Et nulle mieux que moi-même ne sait assurer le salut de mon âme.

Et convoitance ne nichait pas au cœur seul de mon époux.

Vertu ne m'était pas connue.

PIERRE

Dame Héloïse...pour tout autre que le sien époux avez-vous jamais eu convoitance?

HÉLOÏSE

Autre que Pierre? Jamais.

PIERRE

Et même après les sévices sur sa personne? Même chastré?

HÉLOÏSE

Même mort, l'entreprendement de désir n'a point failli.

PIERRE

En ce cas désirance ne prise ni convoitise ni licence pernicieuse.

Luxure n'est pas amour, il est vrai. Mais si désirance demeure malgré punissement, malgré manquement de corps, c'est qu'elle est amour plus que péché.

Rare est la chose, mais fidélité de désir est ici gage d'amour.

Et aucun cœur ne fut plus fidèle que le vostre, malgré que depuis un long temps, luxure est empêchée.

HÉLOÏSE
Empêchée mais qui ne sait se dissiper, mon père.

PIERRE
Présente en quoi? Par qui?

HÉLOÏSE
Par mémoire, mon père.
L'illusion de la mémoracion qui redonne ardeur
disparue à jamais.
Ce n'est pas ma chevelure mais ma mémoire
qu'il eût fallu tondre ce jour où je pris le voil.
Ce jour où chaste vertu on me prêtait.

PIERRE
Dieu se sovient de tout.
Dieu a mandé d'agir en mémoire de lui.
Renier ne sert de rien.
Réparer et faire pénitence n'excepte pas
mémoire.

HÉLOÏSE
Grant mal est fait de ma mémoire.
Réparer le passé en créant sa suite en mon cœur,
là est mon soing.
Et par là même, suis impure.
Pour moi, mémoire ne sert qu'à havir le désir.

PIERRE
Si pour vous désirance est amour,
Dieu étant amour,
lors, Dieu peut être désirance...
Mais tordre les mots peut en heurter le sens.
Et poursuivre cette théorique prove ceci:
Pierre Abélard, une fois délié de son désir par
sa mutilation aurait donc été, par là même,
enloigné de Dieu?

HÉLOÏSE
Non pas!

PIERRE

Alors qui est dans le vrai?

HÉLOÏSE

Départir* le désir, l'escravanter*, l'abatre,
Pierre le pouvait.
Il ne m'aimait que comme sa sœur en Jésus-
Christ.
Rien d'impur ne ruinait son cœur: ni désir, ni
basses amours.
Petitement n'est pas de lui.
Et Pierre Abélard est homme de Dieu.

PIERRE

Seriez-vous fille de Diable?

HÉLOÏSE

Qui peut le dire? Si le mien désir a pu trobler et
dévaler Pierre au cœur du mal,
si ce même désir force mon esprit à dévier la
parole même de Dieu et à vous délivrer tant de
blasphèmes, pourquoi non?
Ne sais et jamais n'ai su où trover Dieu ailleurs
qu'en mon amour pour Pierre.
Charnel amour où esprit est bien fraile.
Faiblesse du vouloir m'esgare et traîne mon âme
au desvoié.

PIERRE

Dieu est donc esgaré pour vous?

HÉLOÏSE

Dieu n'a de verté* en ma vie qu'en celui-ci *(elle
montre Pierre)* et encor m'y a-t-il forciée.

PIERRE

Maintenant qu'il n'est plus, Dieu aura sa pleine
place.

---

* départir: séparer
* escravanter: écraser
* verté: vérité

HÉLOÏSE

Comment pouvez-vous dire cela?

De tout temps, de toute saison, mon abéance* de Pierre conduit tous mes gestes, toutes mes paroles.

Pour lui plaire, ai cru en Dieu,

par obédience, ai pris le voil.

Ai prié, réclamé son retour.

En vain!

Dieu me l'avait ravi.

Et peu m'importait damages qu'il portait.

Sa bouche seule aurait suffi à ma vie,

son souffle seul aurait béni mes jours.

Et ne peux me désirer pure en d'autres vouloirs que celui, unique, de l'ataindre et d'être consolation à ses malheurs.

Dieu est absent de pitié et miséricorde s'il n'entend mon apelement.

Qui peut prétendre à miséricorde tant que son corps souillé n'a pas apelé souillure,

tant que son cœur grafignié n'a pas apelé la grif?

Que sait Dieu de pardon s'Il n'a jamais eu honte du recel de son cœur?

Que sait-Il de rédemption celui que n'a jamais mordu

la rage de vainquir sans renoncier?

Que sait-Il d'humilité, celui qu'aucun refus,

aucun reget* n'a déboté* plus bas que le fond de la souille?

Que sait-Il d'orgueil ce Dieu qui jamais, n'a disputé avec Pierre Abélard

et cerchié, plus que tout, à sauver et sa gloire et sa foi?

Des nuits durant,

des étés durant,

---

* abéance: vif désir
* reget: rejet
* déboter: repousser

ai tourné sur ma couche à la recherche d'une
bien humaine face qui n'était pas celle de Dieu.
Et le dis franc:
cette face belle et fine,
cette face de mon amour contenait et Dieu et
Diable pour moi,
et rédemption et coruption,
pitié et infâme.
Dans ce visage maintenant clos à jamais
coulaient tous les déluges,
bruslaient tous les feux,
encensaient tous les aroments*
et Dieu m'accordant cette tête me rendait
Paradis sur terre.
Et Dieu m'arrachant mon amour, s'arrachait de
moi-même.
Envieuse de Dieu, de son valoir pour Pierre,
convoiteuse, j'ai été.
Et pitié ne me sera point accordée qu'en ce mien
orgueil, n'ai jamais réclamé aide de Dieu.

PIERRE

L'ire* est vostre seul péché. Et Dieu connait
vostre âme.

HÉLOÏSE

D'où le savez-vous?

PIERRE

Orgueil ne tient pas tête qui réclame amour,
même fortement.
Sous la guimpe*, vostre tête a souventes fois
ploié pour soplier.
Jalousie ne tient pas ces mains qui ont clamé
quite son époux en belle acordance de son
vouloir.

---

* aroment: aromate, parfum
* ire: colère
* guimpe: pièce de tissu couvrant la tête

Malfaisance ne peut tenir cœur de femme qui, dans le recel, m'a mandé de prendre bonne garde de cet homme et m'a fait trametre* présents et conseils pour le bien faire.

Petitesse n'habite pas femme qui à chacun a ouvert ses bras.

Seule l'ire la plus terrible agit encore sur la bruslure d'absence, sur le jou* de délaissement.

Et vous dites vrai que Dieu n'accorde miséricorde qu'à celui là qui tant a cerchié la sienne même.

Qu'à celui qui tant a combatu pour sa pais.

Fiance en Dieu n'est pas vostre chant, mais fiance tout de même pour celle qui ne délaisse pas un instant ses espoirs et ses prières.

Et cela, même si vos espoirs sont povrement, humblement humains.

Le divin devra s'acointier* de l'humain et là sera vraie miséricorde.

HÉLOÏSE
Renoncier à s'élever au spirituel? Que Dieu fléchisse vers nous, en place que nous s'en aller à Lui?

PIERRE *(Sourit.)*
Non, faire en son pouvoir, chacun un peu du chemin.

Qui vers le haut, qui vers le bas.

Le faire à mieus de nous-mêmes.

Et tant pis si amour n'est que humain et tant plus si âme s'en trouve meliorée.

Et désirance doit trouver sa place dans l'ici même.

---

* tramettre: transmettre
* jou: joug
* s'acointier: avoir affaire, avoir des relations avec.

Ne saurais être sans apétit . Lutter, le harnacher,
peut-être... Mais vif et bruslant, désir ne saurait
s'esteindre.

HÉLOÏSE
Un homme tel que vous, pour dire telle chose
connaist donc désirance?

PIERRE
De quelle ève* croyez-vous que je sois fait?

HÉLOÏSE
Voire ?

PIERRE
Désirance a afiné sa lame au creus même de mes
chairs.

HÉLOÏSE
Lors, aidez-moi: comment la tenir, la contenir?
Comment s'en démestre?

> *Il la regarde un long moment, désespéré.
> Puis il se tourne vers le ciel, vers le
> cloître, sans rien dire.*
>
> *Héloïse le suit.*

HÉLOÏSE
Ayez pitié de mon torment: à vainquir désirance,
monstrez-moi la vaillance.

PIERRE *(Sans se retourner.)*
D'où tenez-vous qu'elle soit vainquise?

HÉLOÏSE
Le vostre désir est-il damnable?

---

* ève: eau

Ayez pardon, mais....est-ce apétit dans vostre
chair ou noble sentement de l'âme?

PIERRE
Chair et cœur et âme...où est la souche?
Ne sais belle Dame...

HÉLOÏSE
Et vous bruslez à la fois pour Dieu, à la fois pour
désirance en un mesme lieu?

PIERRE
Tout à la fois.

HÉLOÏSE
Par quelle sorcerie*?
Comment que l'un ne flétrit pas l'autre?

PIERRE
Comment savoir que flétrissure il y a?

HÉLOÏSE
Jamais en vostre âme, ne fûtes escomenié?
Jamais en vostre corps n'avez desdit le vœu
sacré?

PIERRE
Celui de chasteté? Jamais.

HÉLOÏSE
Dans l'oubliance de la chair, le vostre amour ne
périt pas?

PIERRE
Vif désir fonde mon amour et ne peut faire oubli.
Nulle mieux que vous ne sait l'ample* du lien et
celui de la peine.

---

* sorcerie: sorcellerie
* l'ample: l'étendue

HÉLOÏSE
Si jamais vos sens n'ont vainqui,
si jamais vostre corps n'a gouté ces
emportements,
comment certitude d'amour vous tient?

PIERRE
J'aimai cette dame avant que de la voir.

HÉLOÏSE
Et désiré?

PIERRE
Et désiré.

HÉLOÏSE
Et vous la vîtes un jour?

Il la regarde, hésite, puis raconte.

PIERRE
Lors d'un voiage que mon ordre commande, oui.
Parti depuis des mois pour le visitement des
maisons filles de nostre abbaye, je chevalais*
vers l'Espagne, vers l'orient.
En mon esprit, cette dame me parlait.
C'était de bon conseil et de consolation.
Despuis un long temps, sa voix m'accompagnait
en toute chose.
Sa douce et fidèle présence était balme sur mon
cœur.
En peine, toujours lui mandais sa pensée.
Elle murmurait à mon oreille et, apaisié, ma
route continuais.
Pas une nuit qui ne s'achève sans que merci lui
dise,

---

* chevalais: chevauchais

sans que tendre voix n'aporte mon dormir.
Puis ce jour arriva.
Devant l'océan mon cheval me porta.
Et pour la prime fois, je vis la mer.
De ma vie, mon cœur n'eut tel frémissement:
sans fin, le sablon* estalait sa blondeur,
la mer, afolétie*, esfrainée courait pour s'y
vautrer, le bord cassé de blancheur moussue.
En grant bruit, les oiseaux répétaient sa clameur
et en moi, telle une illumination,
mon amour se nomait.
Comme s'il était besoin de tant d'étendue, tant
de verdure traversées
comme s'il était besoin de tant de nuits, tant de
jours passés
pour enfin ataindre le profond de mon âme.
Ce lieu habité de fol vent, de pur désordement*
apelant Dieu et toute parfaite chose
apelait la mienne amour,
et à la fin la nomait.
Lors, j'entrai dans les flots troublés,
le cœur cognant ma coule à s'en quarteler
les mains tendues vers le point du jour,
lors, son visage a ondoyé comme lune sur les
vagues
et m'a souri
et m'a ravi.
Enfondré* dans le sablon mouillé,
à chaque assaillement d'océan
je demeurais haletant, tresmué*,
à tenter de revoir cette forme en allée.
Son corps aperçu esveillait toute soif mise en
occulté depuis toujours.

---

* sablon: sable, plage de sable
* afolétie: rendue folle
* désordement: désordre
* enfondré: enfoncé
* tresmué: changé

Toute soif que ni eau ni vin ne sauraient abrever.
Depuis lors, désirance m'acompaigne.
Et amour en est venu ci devant le chemin
licencieux.
Portant, vieil homme je suis,
mais ma vie qui s'épuise n'afadit point mon
désir.
La torture, bien que tardive, n'a perdu nulle
vigueur.
Et force prières apaisent de peu l'ardeur qui est
mienne.
Croyez-m'en, dame Héloïse, n'êtes point seule
en ce combatement et ne le menez point en
traitresse.
Si traître en ce lieu il y a, le prim* je me nome
et Dieu aura à trancher dans toute cette fange.

HÉLOÏSE
Vostre fiance onore ma persone et vous ai merci
de cette confession.
Pour moi, seule en mon endurement, seule
                                        [mémoire
peut me hanter.
Pour vous, hantise peut poindre en sa persone
de chair.
Peut-elle encor vous brusler par sa présence?
Est-il encor péril d'aticier* morsure de désir?
Est-il encor péril de la voir?

PIERRE
Que Dieu m'aide, oui.

HÉLOÏSE
Et vous la reverrez?

Pierre la regarde longuement.

---

* prim: premier
* aticier: attiser

PIERRE
Je la vois.

*Un temps. Héloïse le regarde, interdite.
Il soutient son regard.*

*Un long silence oppressé par l'ampleur
de l'aveu.*

*Puis Héloïse veut parler. Pierre prend
son capuchon, le remet et se détourne. Il
s'éloigne en silence vers le cloître.*

*Héloïse reste là, troublée. Elle s'age-
nouille, se signe, tente de prier et en est
incapable. Elle regarde où peut être
Pierre le Vénérable, fixe la nuit. Puis,
elle prend le psautier et l'ouvre.*

*Elle commence à lire, mais très vite,
parce que depuis longtemps ce psaume
lui est connu, elle relève la tête et le
récite par cœur.*

HÉLOÏSE
«En moi tes flèches ont pénétré,
sur moi ta main s'est abattue;
rien d'intact en ma chair sous ta colère,
rien de sain dans mes os après ma faute.

«Mes offenses me dépassent la tête,
comme un poids trop pesant pour moi;
mes plaies sont puanteur et pourriture
à cause de ma folie
ravagé, prostré, à bout,
tout le jour, en deuil, je m'agite.

«Mes reins sont pleins de fièvre
plus rien d'intact en ma chair;

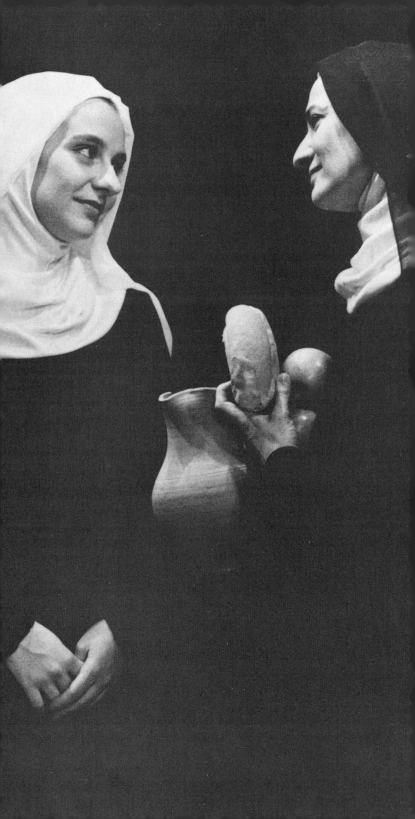

brisé, écrasé, à bout,
je rugis, tant gronde mon cœur.

«Seigneur, tout mon désir est devant toi,
pour toi mon soupir n'est point caché;
le cœur me bat, ma force m'abandonne,
et la lumière même de mes yeux*.»

On entend Guillemette arriver à pas pressés. Elle porte, dans sa robe soulevée légèrement, un pain, deux pommes et tient un cruchon (eau ou vin) à la main.

Elle ralentit en voyant Héloïse en prière. Elle s'approche doucement, cherchant Pierre le Vénérable des yeux.

Héloïse l'entend et se détourne brusquement, croyant que c'est Pierre qui est revenu.

HÉLOÏSE
Qu'est-ce?

GUILLEMETTE
Moi, ma mère. Pardon de rompre vos prières.

Héloïse se relève, referme le psautier.

HÉLOÏSE
Qu'y a-t-il? Pourquoi ne pas se reposer à cette heure?
Tierce sonne de peu.
Pour qui ces norritures?

_____
* Psaume 38 - (37) Prière dans la détresse - Psaume de David.
La Bible de Jérusalem

GUILLEMETTE
Pour le père abbé.

HÉLOÏSE
Tu as tant tardé qu'il est en allé.

GUILLEMETTE
Déjà? Sur le retour?

HÉLOÏSE
Non pas. En repos ou en prières.

> *Guillemette reste là, toute consternée avec ses mets dans les bras.*

GUILLEMETTE
Si quelque apétit vous tient, ma mère...

> *Héloïse sourit, fait non.*

GUILLEMETTE
La froidure gagne. Je peux vous quérir une estamine*...

> *Héloïse fait non doucement.*

GUILLEMETTE
Que puis-je pour vous, ma mère?

HÉLOÏSE
Revenir à laudes, comme promis.

––––––––––
* estamine: étoffe

GUILLEMETTE
N'êtes en besoin de rien?

HÉLOÏSE
Rien qui puisse m'être accordé.

GUILLEMETTE
Ma mère de vos peines ai grande tristance.

HÉLOÏSE
Va reposer, Guillemette.
Dieu soit avec toi.

GUILLEMETTE
Et avec vous, ma mère.

Elle tient toujours ses victuailles dans sa jupe. Elle amorce un départ, revient sur ses pas.

GUILLEMETTE
Ma mère...puis-je abandoner ceci?
De peu s'en faut que je faiblisse si ces bonnes choses m'acompaignent.

HÉLOÏSE
Tu es friande, Guillemette?

Guillemette fait une grimace assez drôle pour passer pour un oui honteux.

GUILLEMETTE
J'ai défiance de mes envies.

HÉLOÏSE
Et seuls le pain et les fruits t'offrent tentement?

GUILLEMETTE
C'est très assez ma mère pour ofendre Dieu en
Carême et en Avent.

HÉLOÏSE
Si tu as repentance, Dieu ne peut te faire blasme.

GUILLEMETTE
Paisible est mon cœur: Dieu m'aime.

HÉLOÏSE
Oui, ton cœur est simple. Va. Sois bénie de ta
francheté*.

GUILLEMETTE
À l'aube reviendrai, pour laudes.

> *Et elle s'en va très vite. Héloïse prend les
> fruits, les caresse doucement. Puis elle
> porte fruits, pain et vin sur le rebord de
> pierre donnant sur le cloître. Elle fixe
> l'endroit: rien, aucune trace de Pierre le
> Vénérable.*
>
> *Elle revient, range le psautier et s'appro-
> che des tréteaux portant Pierre Abélard.
> Elle contemple le sac contenant le corps,
> en silence. Elle soupire.*

HÉLOÏSE
Trouble est mon âme, broié mon cœur.
Pierre, mon époux, mon aimé, que sera de cet
amour que fut nostre?
Que péchés et ruines.
Tantôt, la terre te prendra à jamais.

----

* francheté: franchise

Et ce corps si vigoureux en frénésie
                              [d'amour
ce corps si durement chastié en sa force et
                              [sa gloire
ce corps sera porreture et cendres pour
jamais.
Quand morte nouvelle me vint,
ai voulu ne plus être
et mourir en ton sein
pour enfin y renaistre.
Le vouloir de Dieu ne se conduit pas
et la terre ici-bas reçoit toujours mes pas.
Malfaiteresse* je suis et dois pénitence.
Moi si vieillete, si déclinée par l'âge
devrai durer
et sans toi ma vie mener,
              loin de péché
              loin de désirance,
              loin d'amour.
Souventes fois, ai tenté de séduire ton âme haute
        par mes plaintes accablées,
souventes fois, par ta savance
en droite pensée me rappelas.
Mais cette voie aux vices ouverte
toujours en moi restait beiante.
Ta sainteté tant porsuivie
me déjetait en despérance.

Te voilà abrié* de moi,
te voilà victorieux,
près de Dieu, près du Père, de l'Esprit saintefié
et près de ce Fils crucefié
que tant a apelé les tiennes blessures.

Pierre, souvenance est venue en cette nuit
        des fornications esfrainées du temps enfui

---

* malfaiteresse: femme qui commet des méfaits
* abrié: mis à l'abri

et doutance me prend
et mon cœur veux te dire:
Pierre, quand folie et desraison menaient nos
[esbats

> quand à grant force me ploiais,
> quand de servitudes
> tu rompais mon corps inobédiant
> quand de la verge, de la ronce,
> à martire mettais ma chair,
> quand ton vouloir faisait règne
> quand en moi l'esclave faisais saillir
> n'était-ce là que mal augure
> des mille coups durement envenus
> par l'ensuivance?
> Etait-ce présage en mon corps
> des sofrances du cœur
> qui ensuivirent?

Te mander n'est pas damner, Pierre,
mais doutance m'estreint
et quiétude a fui en mon âme.
La mienne queste ne doit dévier.

Et si de Dieu et de ce Fils mortefié
tu avais, en conscience, aposé sur moi le
modèle?
Dois-je ma vie durant faire mienne sofrance
pour qu'amour joigne peine
et divin et martire?

Cette mienne misère que les ans n'apaisent en
[rien
cette sofrance à l'amour scélée
est-ce Dieu qui la réclame et la rend nécessité
ou est-ce toi?
Toi pour qui convoitance recèle sofrance...
Mais confusion m'esgare...
à trop dire angoisse me mène.

*Un temps, puis, ne pouvant arrêter le
cours de ses pensées.*

Pierre...amour et sofrance allaient de pair en ta
                                        [pensée,
pourquoi?
Devais-tu me metre en mal pour estreindre
Dieu?
Desperance et sofrance étaient nécessité
pour aproschier Dieu?
Quand la main forsenée du chanoine, mon
oncle, a,
pour toujours, rompu ton masle corps,
était-ce, pour toi, parfaire amour?
La croix du Fils de Dieu
en tes chairs répétée
t'accorda-t-elle salut éternel
plus par divine douleur
que par chasteté obligée?
Et la croix de ton absence
qui despuis ronge ma chair
devrait m'emmener en salut ou en enfer?
Dieu s'abreuve donc de peine?
Dieu est vengeur et chastieur?
Qui ici mande douleur?
Qui?
Est-ce toi, est-ce Dieu
ou les deux mis en un pour ma perte?
Ne peux-tu comme en ces temps en allés
me tendre un respons de la Bible
et calmer la mienne desquiétude?

Ne sais que croire.
Ne sais que penser.

Cette singulière mortification qui te fut faite
libéra et ton âme et ton corps des nostres liens.

Toi qui jamais en nos paillardises ne trouvas
apaisement,
l'achèvement des nostres ardeurs, de ta
convoitise
te l'aporta.
Pour moi, jamais convoitise ne prit fin,
dans son donement* ou son regretement.
Pierre, Dieu qui mande pais aux hommes de bon
[vouloir,
Dieu sait-il juger ce qui est malpensant?
Ce torment et ces pleurs qui furent miens
quièrent peut-être encor dans mon esprit
confus,
les délices de l'amour.
Ce qu'à mon corps rétif tu imposais,
          pour faiblir son vouloir
          pour desraisoner mes emportements
          les afolétir de sofrance et plaisir meslés
ces savoirs troublants je les appelle peut-être en
mes pleurs présentes?
Toute pénitence offerte en sofrance à Dieu
n'était-ce encor que coupable appel,
que le malvouloir d'éprouver en quelque
sensualité
                    même mortefiée*
                    même répugnée,
le plaisir du sentir?
Et durant qu'à pleurer j'esgarais ma foi,
ofusquant Dieu,
lors toi, sans chimère et sans peine,
allégé de désir,
allégé de la mienne présence,
tu pouvais bien durer.

---

* donement: action de donner
* mortefiée: anéantie, punie

Que n'ai-je appris d'amour
que plaisir et rire?
Que n'ai-je appris du moins à desjoindre
  de mon lamentement, le vil regret,
  de mes pleurs, le plaisir
afin d'ofrir à Dieu que ce qui lui doit revenir
  et non félones délices vilement saintefiées*.

En ton esprit, toute desmesure apartient à Dieu,
et ceste tienne loi me conduit
à limite de douleur,
à limite de lamentement,
comme ton corps, jadis, conduisait ma chair
à limite d'endurement et plaisir emmeslés.

Jovente*, si tant jovente j'étais
et long temps en mon âme, jouvence est
demeurée.
Maintenant que quarante années ont neigé et
bruslé sur ma peau,
maintenant que vieillesse m'assagit,
je connais mon erreur:
  amour ne requerre* point moultes
  sofrances torderesses
  fidélité n'est pas liée à pleurs sans fin
  amour seule m'est mandée
  et les sens esgarés en douleur
  ne sont plaisirs qu'à tes yeux desviés,
mon aimé,
  tes yeux brûlants
  guettant le sanctefié à l'angle du cinglant.

Tendu vers sainteté,
tenté par luxure,
tu conduisis mon amour

---

* saintefiées: sanctifiées
* jovente: jeune
* requerre: exiger, réclamer

à confins d'illusion
> là où Dieu accueillerait
> esplendeur et misère d'amour
> comme une seule pleineté.

Si Dieu est amour et non seul esprit
Dieu mande moins chastiment consenti
> que plaisir enluminé.

Mais amour et sofrance sont deux mots
dessemblants
et Dieu n'a point plaisir à l'humain tordu
seul Pierre Abélard...
> et le vouloir de Pierre était pour le mien
> > [esprit
> vouloir de Dieu.

> *Elle revient vers lui, le regarde sans*
> *colère.*

Plus jamais ne serai aussi novelette*
qu'en ces jours d'autrefois
où tes yeux, du livre à mon bliaut*
> dansaient bellement,
aussi novelette et troublée
aussi empressée du savoir.

Les âmes simples prennent un long temps
pour argumenter
ce qui, pour tes ieus*, était si aisé.
Comprendre illusion de sainteté
fit quiétude en ton cœur.
Et tu pus, dans la paix,
> prier et penser
> sans obédience du corps attaché.

---

* novelette: neuve
* bliaut: sorte de robe
* ieus: yeux

Loin de moi à jamais, tu pouvais consentir à
                                        [Dieu
et disputer rectorique.
Loin de désirance, le tumulte apaisié,
à loisir tu pouvais travailler à ta gloire.
Héloïse à sa convoitise asservait Dieu.
Et même encloistrée, à l'avilenir* s'acharnait.

Maintenant que te voilà charogne
        à la terre en allé
peut-être ma charge en sera alégiée.
À la terre tu retournes,
mais le fais aliancé à ceste pucele
        qui fut ton épouse
        à toi donnée
        à toi consentie
        dans un plein contentement.
Retourne donc et m'emporte
pour jamais
dans ma jouvence
dans ma joliesse
dans cette ardeure éperdue que fut mienne.
Retourne et m'emporte
dans mon péchié.

*Elle passe la main sous sa bure et en
ressort une magnifique masse de cheveux tressés. Une tresse très longue,
lourde, blonde, dorée comme la tire.*

HÉLOÏSE
Le jour où devant Dieu, je prononçai
les paroles sacrées du don de l'abandon de toute
                                        [chose

---

* avilenir: avilir, déshonorer

les vœux de stabilité, pauvreté, humilité,
               obédience et piété,
le jour où de tes bras j'arrachai mon amour
et tentai de le tendre à Dieu
encore perverti de ses povretés,
ce jour mesme, ai trahi et renié.
La tête que, à la guimpe, je présentai,
en avais, de ma main, arraché l'ornement
pour te le prendre garde, tout ce temps au recel
le garder en sauf*
et l'ofrir à l'embracement de ton corps.
Ceste chevele* en allée telle nos esbats passés
a gardé en constance ses ors et sa clarté.
Certains soirs de destrece,
l'ai respirée et maniée
pour restorer ma folle jouvence
et avoir souvenance des chansons
que sur leur velours tu murmurais.

Ici est ma jouvence, Pierre
ma jouvence volage
et n'ai de repentance
que de ne point pouvoir encor
rosir ta peau de ces roseaux dorés.

Ici est ma jouvence,
tiges d'or assoplies*
blés satiés* de soleil
fils de soie langoreux*
où tes baisements, tes estraintes
ont écrit ma destinée.
Voici ton linceul, mon aimé,
seul suaire digne de ton corps adoré
seule fin pour cette oriflambe* d'amour

---

* garder en sauf: préserver
* chevele: chevelure
* assoplies: humiliées, tristes
* satiés: rassasiés
* langoreux: languissants
* oriflambe: oriflamme

si long temps en privance d'estreinte.
si long temps estanche* de joir*.
Toi qui sus m'enlovir*
la mienne jouvence se sovient.

> *Elle dépose la tresse sur le sac et la défait doucement*
>
> *Pierre le Vénérable arrive sans bruit.*

---

* estanche: fermé
* joir: caresser, gratifier de son amour
* enlovir: désirer avec ardeur

LAUDES

HÉLOÏSE
À Dieu mon seigneur
à Dieu mon orgueil, ma félicité
à Dieu ma jouvence
à Dieu mon péché.

> *Pierre arrive et attend en retrait, discrè-*
> *tement. Héloïse relève son voile et se*
> *penche vers le sac, là où les cheveux for-*
> *ment une masse blonde et dorée. Elle*
> *embrasse les cheveux dénoués.*

PIERRE
Dame Héloïse...

> *Héloïse se retourne vers lui lentement,*
> *sans remettre son voile et le regarde bien*
> *en face. Pierre retire alors sa cagoule*
> *pour être de franc visage avec elle. C'est*
> *un peu comme s'ils étaient nus tout à*
> *coup.*

HÉLOÏSE
Puisque hors la règle nous sommes,
parlez Pierre le Vénérable.

PIERRE
Ne troublerai pas un long temps vostre pais.

HÉLOÏSE
Ma pais n'est pas si grande.
Si mon visage à vos ieus est despoillé
ce n'est que pour ouvrir vostre voir:
grant âge m'est venu
et les grâces anciennes de la jouvencelle

ont peu de mérite à ce jour.
Destrompez donc vostre chimère: dame Héloïse
n'est pas gente damoiselle
et l'enlovir est desraison.

PIERRE
Ne savez-vous ce qu'est amour
pour la traiter si petitement?
Le vostre sentement pour Abélard,
pourtant en grant âge,
n'a pas bronchié
devant abatement des ieus.
Et de peu conta* l'âge quand
désirance est sorvenue.

HÉLOÏSE
Le temps ne peut avilir sentement de la sorte.

PIERRE
Et si, à vos seules lettres, la vostre image à mon
                                                    [voir
s'est incarnée,
la vostre voix m'est devenue compaigne,
c'est que grant force peut sordre* des nostres
essences.
Si m'en croyez, ne metez pas tel amour en
défiance.

HÉLOÏSE
Comment croire vos dires?

PIERRE
De mon amour suis le garant.
Et n'aurez, belle dame, ni le croire,
ni le porter.
Serai en tout humble et discret.

M'avez rapelé à pleineté du vivre,
ne saurai tenir plus grande chose.
Ne saurai renoncier à ce savoir.

---

* conter: compter
* sordre: sourdre

HÉLOÏSE

En quoi amour sans partenance*
sera consolation?
Amour esseulée n'est que destrucion.

PIERRE

Dame Héloïse, vous prie de me oir.
Depuis tierce, je vais marchant, pensif.
Dame Héloïse, de vos peines ai grand torment.
Mes pas me menaient, acablé par crainte de
vostre âme.
Dame, croyez-m'en: amour terrestre
que fut vostre n'est pas damnable.
Chastiment de ne plus le jamais voir suffit
amplement.
Toute salvation est dans amour pour l'humaine
                                        personne.
Dieu crée un començail* de toute chose
en amour.
Amour est nécessité.
Et si d'apétit terrestre et païenne elle s'acointe,
c'est pour Le mieux glorier par exaltation des
                                        [sens.
Et si désirance à ce point s'eschauffe,
c'est qu'elle est fille d'amour
et d'elle aliée.
Et mouvance du cœur par amour conduite
pourvoit sainte chose quand noble francheté
                                        [l'initie.
Rien n'est en secret pour Dieu,
tout est en sacré.
Nos misérables efforts comme nos misérables
                                        [plaintes
et même cette gloriole qu'à l'envi nous
poursuivons,
rien n'est en oubli pour Dieu.

---

* partenance: appartenance
* començail: commencement

Mais amour se tisse de filage* d'humilité,
amour se tisse de corage.
Et nous les tièdes et les pusillanimes
connaissons vaillance et fierté en touchant à
amour.

HÉLOÏSE
Et débauche devient sainteté, mon père?

PIERRE
Ne joutez pas avec ces mots.
Débauche demeure péché.
Mais péché apele pardon.
À chacun son ofice: l'humain pesche, Dieu
pardonne.
Et la vie est bastie d'apétits que nous n'avons pas
à maldire.
Comment pur et fort amour qui me tend vers
                                    [vous
peut-il estre damnable?
Souillure n'est pas d'amour.
Souillure est faire refus d'amour.
Ame esperdue d'amour n'est point perdition.
Et ci est mon avouement:
         prélat, prestre, abbé et vénérable je suis
         et les esprits les plus forts
         de ce siècle joutent avec moi
         et il est vrai que homme je suis
         et membré* et pourvu
         et j'ai amour et désirance
         pour dame Héloïse.
         Et le clame bien haut:
         n'ai renié ni Dieu ni amour mienne,
         et jamais vostre chair n'approcherai,
         ou mesme l'en dessous de vos pas
         et tous les jours regretance et désirance

----

* filage: fil
* membré: robuste

en aurai.
Et ceste amour enclot despoir et plaisir,
folies et tempestes.
Ceste amour bouscule mes humeurs
                                    [tranquilles
et c'est résurrection qu'elle façonne en
                                    [mon âme figée.
Croyez-m'en, dame Héloïse, rien de si
                                    [beau,
de si nu ne courouce Dieu s'Il est amour.
Et Dieu est vie et amour.
Et Dieu a compassion pour chair meurtrée
        et despoillée* d'amour.
Et la plus blessée, la plus infamée sera
de sa main restorée, comme mon cœur fut
                                    [de la vostre.
Vous en conjure, ma dame,
conciliez vostre âme à vostre amour
et cessez de la despoiller.
En ce chastiement, Dieu vous atteignez,
le malmenez et l'opressez, croyant briser
                                    [le Diable.
Et plus seulete que l'ange déchu,
vous cherchez salvation qu'en vostre cœur
vous tenez.

HÉLOÏSE
Vous dites m'aimer, mesme abbé,
mesme plein homme.
Croyez-vous que Pierre, en sa déjetance, ne
pouvait plus aimer?
Que chastrer corps peut chastrer cœur?

PIERRE
Pierre est mort, ma dame, et Dieu sait ses
pensées.

----

* despoiller: dépouiller

Vous estes vive encor et des années sont encor
là devant.
À vous de conduire vos pensées sûrement,
et prester celles d'un mort serait se prester
à de mortes choses.
«Laissez les morts enterrer les morts», voilà ce
qui est dit.

HÉLOÏSE

Et quand mort vous serez, cesserai de croire à la
vostre amour?

PIERRE

La mienne amour s'emportera dans la mort et
sera remise à Dieu telle que l'aurai transmuée
ma vie durant.
La mienne amour ne réclame rien d'autre.
Son vivre est en vous, mais sans vous et le sais.

HÉLOÏSE

Ne suis que mes amours et péchés passés.

PIERRE

Le vivre en est dans le maintenant.
Le feu ne brusle pas la cendre.

HÉLOÏSE

Que faire du maintenant quand tout le vivre est
dans les cendres?

PIERRE

Tendre ses mains vers humilité et tenter de
                                 [croistre
mesme en sa misère.
Apaisier son cœur tormenté le laissant aimer ce
qui est aimable,
connaistre pais en solitude
et prester la sienne compassion à autrui
qui tant est en peine: ne sont point de grandes

[responances*,
mais n'en ai de plus amples.

HÉLOÏSE
Pierre, est-ce orgueil d'aimer en ceste desmesure
que fut mienne?

Il la regarde, sourit.

PIERRE
Je voudrais bien traiter de si haut flambe* qui
m'habite et l'empovrir à cette petitesse qu'est
orgueil.

HÉLOÏSE
Vouloir aimer ce qui n'est plus, n'est pas
maléficion?

PIERRE
En tout temps, douce dame, serez
et ne serez pas pour moi.
Et portant, amour qui est mienne concède
merveille à ma vie.
Ne peut honir* ce qui grant bien fait.
Ne doit honir que ce qui grande misère conduit.

HÉLOÏSE
Et si en vos nuits, les succubes vous font visites
et font débauches de si fines amours?

*Il sourit ayant, bien sûr, connu de ces
nuits troublantes. Il passe entre eux
deux un courant terrible de complicité et
on doit sentir chez Héloïse le désir de
vérifier ses propres craintes sur la fran-*

_____
* responances: réponses
* flambe: flamme
* honir: déshonorer, maltraiter

chise de Pierre. Cette conversation lui
apporte une grande paix.

PIERRE

Ce que mon corps pesche en ses nuits échappe à
mon vouloir.
Dieu envoie succubes ou chimères sensuelles
pour deslier ce que sa loi interdit de deslier de
ma main.
Là encor le dis: humilité doit prévaloir en ces
aubes où honte et desgrace font de nous des
humains.

HÉLOÏSE

Ai espéré ces nuits à n'en plus trouver le dormir.

PIERRE

Sainteté, à tous, n'est point acordée.
Garder la sienne foi est suficient.

Elle le regarde avec sympathie.

HÉLOÏSE

Quel homme singulier... amour esseulée ne vous
fait point vive sofrance?

PIERRE

Cela mesme suis venu vous mander:
laissez amour concevoir en vous un peu de pais,
laissez amour vivre délié, en pleineté de
                                        [lui-mesme,
sans empêchement.

HÉLOÏSE

L'agrément de Dieu en tout cela?

PIERRE

Dieu ne peut pardonner par devant le nostre
[pardon.
Il ne saurait être en vostre place miséricordieux.
Pour qu'elle vous emplisse pleinement,
Dieu vous preste vie.
Et ses plaisirs et ses peines vous estraindent* et
vous grandissent.
Sainteté n'est point hors la vie et les siens
[tentements,
sainteté n'est point hors le cœur.

HÉLOÏSE

Vous disputez contre l'inhibition de l'apelement
charnel tant enseignée de Pierre Abélard?

PIERRE

Où est grandeur superlative?
Se croire Dieu ou saint et banir l'humain de ses
[actes,
ou se savoir humain et pescheur et banir vaniété
et orgueil de son cœur?
Tendre vers Dieu, que si; mais prétendre à Dieu
en étant homme n'est que illusion et péril.

HÉLOÏSE

Vous jugez Pierre et ses enseignements.

PIERRE

Non, ma dame.
Bannissement de débauche je requerre, comme
lui.
En toute abbaye sous ma justicerie,
n'ai presché et préconisé que cette haute voie:
grandeur de Dieu au milieu de désolation de
l'homme.
Esprit de Dieu au milieu de pire déchéance.

_____
* estraindent: tiennent rudement

HÉLOÏSE
Avez contrebatu débauche en toutes ces abbayes?

PIERRE
Ai rusé pour le bien faire.
Fortuné est celui qui, du savoir et du connaistre profite.

HÉLOÏSE
Mécréant est mon cœur.
De ma vie ai mené fol usage et ne sais que faire du connaistre des ans.

PIERRE
Un jour le saurez.
Laissez Dieu en aide vous venir.
Et croyez-m'en: à l'heure de résurrection, de tous ceux qui, la vie durant, ont eu nonsavoir d'amour,
Dieu acordera amour.

HÉLOÏSE
Et désirance?

PIERRE
Et désirance. Lors qu'Il acorde vie, Il acorde désirance.

HÉLOÏSE
Et esprit n'en serait point perverti?

PIERRE
Et si esprit s'en trouvait renforci?

Amour et désirance ne peuvent estre petites
                                    [choses.
À rien ne sert d'abominer ce que Dieu vénère.

Il la regarde un long temps.

PIERRE
Et ample abandon à sentement d'amour ne saurait faire blasme aux ieus de Dieu.
Rien ne peut désabelir la vostre âme.
Si de vous ne prenez regart*, de cela seul Dieu vous mandera raison.

> *Il se détourne après un temps et regarde le ciel au-delà du cloître.*

PIERRE
Voici le fil de l'aube.
Bientôt laudes va carillonner.

> *Il lui tourne le dos. Elle s'approche du corps de Pierre, replace son voile et va vers Pierre le Vénérable.*

HÉLOÏSE
Pierre, faites en présent bénédiction et absoute et m'aider à enterer ce corps avant que mes filles ne s'esveillent pour laudes.

PIERRE
Sans attendre prime*? En secret?

> *Héloïse fait oui. Elle le regarde longuement.*

---

* regart: attention, considération
* prime: la première heure, six heures du matin.

HÉLOÏSE

Despuis vingt-cinq années, pour la prime fois,
le despoir qui rugissait s'est apaisié.
Pour la prime fois, un peu de pais est descendue
en moi.

Regardez: mesme la nuit se corbe sous
maistrise de l'aube.
Un voile de rosée embrace la terre et les douleurs
qu'elle engendre.
Toute chose est paisible et repose en la sienne
nature, sans heurt, sans cri.
Vous prie de prendre avec moi cette despoille et
en charnier la conduire.
Pour la prime fois m'enclinerai sans blasme
devant ceste amour comme si elle fût bienfait et
non délaissement.

PIERRE

Vous enclinerez donc devant Dieu?

HÉLOÏSE

Taisez-vous de peur de brisier le fraile acort de
Dieu et de femme.

PIERRE

Le dites-vous plus léger que celui de Dieu et
d'homme?

HÉLOÏSE

Mon ventre est profond et profonde en lui la
trace de l'homme.
Seules ventrailles de femme connait
empreignement* d'amour.
Seule femme enfante.
Homme ne sait ce qu'il est de s'ouvrir dans le
corps sien à corps de l'autre.
Rien ne fouille chair d'homme dans fornications.

---

* empreignement: grossesse

Cet abandon que quière femelle nature semble
mettre distance entre femme et Dieu...
et peut-être entre femme et homme à la fin.

PIERRE
Vous en prie, relevez le vostre voil.
Une derenière* fois.

> *Elle s'exécute sans hâte, avec une certaine grâce, pour lui offrir son visage et le regarde sans vanité, franchement.*
>
> *Il la fixe intensément.*

PIERRE
Dieu sait que mon âme jetterais pour fouir ces os
et ceste chair.
Dieu sait que jamais ne verrai vos yeux cillier*,
vostre visage frémir de ma force virile en vostre
profondeur.
Et vous le jure, quoique mistérieuse, une force
finie est dans ce ventre mesme qui tant de fois
vous a mise à mal.
Dans ceste profondeur pleine et tendre que
quelquefois homme atteint et dont il s'emplit,
croyant l'emplir, dans cette abisce* de félicité et
de douceur palpiante* s'incarnent consolation et
apaisement divin.
Et fol est celui qui ne sait ni l'entendre, ni s'y
abandonner.
Très belle, si tant lointaine dame, la mienne
amour vous est consentie du tresfons* de l'âme,

---

* derenière: dernière
* cillier: clignoter
* abisce: abîme
* palpiante: palpitante
* tresfons: tréfonds

la mienne amour s'ouvre dans cet abandon que vous dites femelle.

Et elle s'abreuve à cette beiance mesme.

La mienne amour emplie du désir de ploier en vostre corps sait, dans sa povreté mesme et sans jamais le voir qu'aux confins de vostre profondence* est l'entaille de Dieu.

Et jamais n'en rendrai suficient* omage*.

Et vous en ai, à l'Un comme à l'autre, merci.

Il s'approche d'elle, prend doucement son voile et lui couvre le visage. Elle prend à son tour le capuchon de Pierre et le relève sur sa tête.

Sans parler, ils prennent chacun une extrémité du brancard et en portent le corps.

On entend le carillon de laudes. L'aube rosit le ciel.

Arrive Guillemette toute pressée. On voit les moniales traverser pour se rendre à la chapelle. Guillemette s'arrête, saisie dès son entrée en ne voyant pas le corps. Elle éteint les lumignons et la chandelle, range les tréteaux et, apercevant les victuailles, les place devant elle, par terre.

Elle s'agenouille pour prier non loin des pommes, mais sans y toucher.

---

* profondence: profondeur
* suficient: suffisant
* omage: hommage

L'aurore se lève, on entend a capella le chant des moniales. Guillemette se lève et se dirige vers la chapelle.

Le soleil traverse le lieu et flatte les victuailles pour en faire, avec ce chant qui monte vers le ciel, une magnifique nature morte.

FIN

Marie Laberge

Pierre

ou la Consolation

Dossier

L'histoire, la fiction et la langue

Pierre Abélard, Héloïse et Pierre le Vénérable (Pierre de Montboissier) ont réellement existé. Les livres d'histoire ont donné quelques interprétations de ces personnages célèbres qui sont parfois divergentes. Voici, pour ceux qui désireraient être situés historiquement, quelques dates et quelques faits qui m'ont semblé vérifiés parce que répétés par plusieurs sources.

Pierre Abélard était clerc quand il s'acquit un certain prestige en tant que professeur et théologien (un clerc est un membre ecclésiastique tonsuré qui n'a pas les mêmes obligations que les prêtres, les abbés ou les moines. Il s'agit d'une sorte de mitoyenneté entre le célibat et la vie religieuse, avec un net penchant pour la dévotion à Dieu).

Âgé de plus de quarante ans, réputé pour être un des philosophes les plus brillants de France, dialecticien habile, il exerça son talent en étudiant la Trinité et se fit quelques ennemis en contestant des positions philosophiques établies. La seule chose qu'il avait sacrifiée pour arriver à une telle renommée était la connaissance des femmes et les rapports avec elles.

À cette époque (vers 1120), Héloïse avait également une grande réputation d'intelligence, de culture et de beauté. Elle était âgée de seize ans et résidait chez son oncle et tuteur, le chanoine Fulbert qui lui vouait une grande affection (que certains ont jugée assez trouble...).

Par une série de hasards judicieusement orchestrés, Abélard manœuvra pour obtenir pension chez le chanoine Fulbert et devint professeur particulier d'Héloïse. Il devint ensuite son amant. Une passion s'ensuivit à l'insu de l'oncle. Les chansons de Pierre Abélard pour Héloïse ont tout de même rendu la chose assez publique, mais c'est en découvrant les amants au lit, comme dans les parodies théâtrales les plus convenues, que le chanoine apprit l'aventure qui se passait sous son toit.

Abélard a enlevé Héloïse, alors enceinte, et l'a cachée dans sa famille en Bretagne. Elle y mit au monde leur fils, Astrolabe. L'oncle ne décolérant pas, Abélard proposa un mariage à la condition qu'il fût gardé secret afin de préserver son statut de clerc et sa carrière. (On privilégiait, sans l'obliger, le célibat. Le mariage était «mal vu» pour un clerc. Un théologien comme Abélard avait tout intérêt pour sa carrière à demeurer célibataire s'il désirait avancer et être pris au sérieux.)

Malgré l'opposition d'Héloïse, ils se marièrent. L'oncle ne fut pas calmé et ébruita le secret du mariage. Pour mettre Héloïse à l'abri des représailles de son oncle, Abélard cacha sa femme dans un couvent d'Argenteuil où il lui fit de fréquentes visites conjugales.

Le chanoine Fulbert manigança une excursion nocturne dans le but de punir Abélard: il engagea deux châtreurs de porcs, soudoya le serviteur d'Abélard et fit castrer Pierre Abélard. Ce qui eut pour conséquence immédiate de séparer les amants. Héloïse, alors âgée d'environ dix-huit ans, prit le voile au couvent d'Argenteuil au même moment où Abélard se faisait moine en l'abbaye de Saint-Denys.

Les deux amants ne se revirent à peu près pas.

Quelque dix ans plus tard (1129-1130?), Héloïse fut chassée du couvent où elle avait pris le voile par le père Suger, ennemi personnel d'Abélard. Abélard lui offrit alors de lui donner refuge dans l'abbaye qu'il avait fondée, le Paraclet. Après ce don, il devint une sorte de supérieur de cette abbaye et correspondit avec Héloïse principalement sur des sujets entourant la gestion de l'abbaye. Héloïse tenta bien de toucher Abélard par des lettres où elle exposait ses sentiments personnels, mais celui-ci refusa toujours de discuter de leur intimité passée.

Vers 1140, poursuivi par ses ennemis qui avaient réussi à le faire condamner par le concile de Sens, abattu par ses défaites, Abélard se réfugie auprès d'un ami, prieur de l'abbaye de Cluny, Pierre le Vénérable. Cet homme lui offrit protection et réconfort.

Héloïse entreprit d'écrire secrètement à Pierre le Vénérable afin d'avoir des nouvelles d'Abélard. C'est d'ailleurs Pierre le Vénérable qui lui annonce la mort de Pierre Abélard dans une lettre de 1142. Héloïse réclame alors le corps de son époux afin qu'il soit enterré selon ses vœux dans l'abbbaye qu'il a fondée. Pierre le Vénérable procéda à l'exhumation du corps et en assura le transport jusqu'au Paraclet.

C'est cet événement, pour moi riche en possibilités dramatiques, et la rencontre (totalement inventée) de Pierre le Vénérable et d'Héloïse qui sert de prétexte à la pièce.

Héloïse mourut en 1164, à l'âge de soixante-trois ans, soit exactement au même âge qu'Abélard. Pierre le Vénérable mourut à soixante-quatre ans (et encore n'est-on pas certain de sa date de naissance) en 1156.

LA FICTION

Sans vouloir refaire le parcours chronologique de l'élaboration de la pièce, je voudrais quand même apporter quelques éclaircissements sur le choix d'un traitement résolument non-historique.

La première idée concernant Héloïse me fut offerte par une acrice qui désirait me voir écrire sur les dernières années d'Abélard, quand, malade, il se serait réfugié au couvent d'Héloïse pour s'y faire soigner. La position impossible d'Héloïse, toujours amoureuse et récupérant un corps malade et mutilé, lui semblait dramatiquement intéressante. Elle n'avait pas tort. Mais après quelques recherches, j'ai abandonné l'idée puisque le fait de base (Abélard malade auprès d'une Héloïse soignante) n'était pas véridique. Il me semblait alors difficile de prendre pour encadrement dramatique une situation historiquement fausse. Non parce que je désirais à tout prix m'en tenir à l'histoire et la relater, mais parce que j'avais besoin d'un point de départ véridique.

Mais l'idée d'Héloïse est demeurée. Ce qui me fascinait comme auteure était la dualité, l'opposition que je pressentais entre sa foi en Dieu et sa foi en Pierre, tragiquement mises en une par les événements. Ce qui m'intéressait devenait le

conflit moral entre l'adhésion charnelle, amoureuse et celle qui, en principe, devait la sublimer,
l'adhésion à Dieu. Peu à peu, Pierre Abélard
reculait à la notion de souvenir brûlant, encom-
brant, éveilleur d'ardeurs interdites mais souvenir puissant tout de même. Et, en ce sens, le
recul historique de la présence de Pierre dans la
vie d'Héloïse, convenait au propos qui se dessi-
nait dans mon esprit.

Pendant environ trois ans, je me mis à étudier la
période du XIIᵉ siècle et l'histoire d'Héloïse et
d'Abélard. Je me suis vite aperçue que je ne
serais pas la première à m'écarter de la vérité
historique. Beaucoup d'auteurs ont brodé sur le
thème en prenant des distances plus ou moins
fantaisistes. Ceci n'étant pas une excuse, mais
plutôt une évidence: la force et l'exemplarité de
l'histoire de ce couple, dramatisée de façon tra-
gique par la castration d'Abélard, avait frappé
plus d'un esprit créateur.

C'est en découvrant que Pierre le Vénérable avait
lui-même assuré la livraison du corps d'Abélard
après avoir procédé à l'exhumation sans autori-
sation supérieure (fait rarement relevé, donc
susceptible d'inexactitude historique) que j'ai eu
l'impression de tenir enfin le fil conducteur de
mon histoire. Et si le corps avait été livré de nuit?
Et si la première nuit de vigile avait été tenue
secrète pour préserver l'intimité d'Héloïse? Et si
Pierre le Vénérable avait discuté avec elle? La
nuit des moniales, ponctuée, réglée par les
offices... Voilà comment la pièce a pris
naissance.

Savoir maintenant si Héloïse éprouvait cette
déchirure que je lui prête, savoir si elle brûlait
toujours de cet amour charnel, si Dieu n'était
effectivement pour elle que la pâle représen-

tation divine d'un amour bien humain, soumis aux lois humaines et tortionnaires des sens, cela est une autre histoire.

Je crains que mon Héloïse n'ait que peu de rapports avec la vraie femme. Il est fort probable que mon interprétation ait malmené Abélard plus qu'il ne devrait l'être ou qu'elle ait embelli le personnage de Pierre le Vénérable. Qui peut le dire? Une fois avoué le fait que ces personnages possédaient une forme d'exemplarité qui me convenait pour engager un débat demeuré ouvert, il ne me restait qu'à suivre ces personnages sur d'autres voies que celles que «l'Histoire» leur accorde pour raconter à mon tour une histoire.

Dans la même mesure que le tombeau d'Abélard et d'Héloïse du cimetière du Père Lachaise à Paris n'a que peu de chance de receler un seul des véritables ossements des deux personnes réelles, (les tombes des personnages religieux furent vandalisés massivement lors de la révolution de 1789), ma pièce met en scène des personnages portant leurs noms et une fraction de leur histoire, mais ne se dit ni ne se souhaite un reflet véridique de leur vie ou de leurs émotions.

Grâce à son aura de grande amoureuse, Héloïse me permettait d'incarner un conflit d'une grande actualité: que fait l'Église du désir charnel? Comment préserver la part d'humain niée par les lois divines et ne pas trahir sa foi ou soi-même?

La loi de l'Église, qui nie encore les impératifs charnels, me semblera toujours une sorte de barbarie basée sur l'inhumaine volonté de contrôler l'être humain en entretenant chez lui l'illusion qu'il est possible de se condamner à la mutilation, à la négation, et que cela est même souhaitable pour son salut. Comment prétendre à la charité, à l'amour et à l'altruisme quand une des règles de l'Église dénie la loi du désir inscrite au cœur du désir de vivre? Comment peut-on prétendre se dérober à cet appel, se mutiler de la sorte sans exciter la violence ou alors sans provoquer le mensonge et l'hypocrisie? Depuis des millénaires, l'Église administre cette règle à coups de menaces et de purgatoires, cette règle qui me paraît plus garante d'intolérance que de tolérance, plus provocatrice qu'apaisante, cette règle qui permet de ravaler la femme au rang de tentation et d'impureté.

De toute façon, le débat n'est pas de savoir s'il est bénéfique ou non de croire en Dieu, le propos de cette pièce se situe à l'angle désespéré du désir charnel qui existe et du désir de s'élever au-dessus des lois naturelles, au dessus des vicisssitudes qui définissent l'homme, pour arriver à atteindre un état spirituel, qui n'existe pas moins. Arracher une part de l'être pour permettre à l'autre de croître me semble la meilleure façon de se détruire. La destruction du désir ne tend pas nécessairement à améliorer l'homme et il me semble qu'il y a d'autres voies, basées sur la tolérance et la conscience du don extraordinaire qu'est le désir, pour orchestrer une vie spirituelle.

Peut-être mon propos est-il bien païen, pour moi il n'est que bien humain.

Héloïse, pour moi, incarnait à la perfection cette dichotomie chair-esprit par la nature même de son histoire. Il faut dire aussi que l'époque du haut Moyen-Âge où les réalités crues de la vie (mort-désir-sexualité) n'étaient pas enveloppées de métaphores et où la foi se célébrait de façon constante donnait du relief à mon propos.

Revenir à Héloïse me permettait de rendre criante la dualité qui habite encore l'être humain: le plaisir versus l'ascèse, le sentir versus la sublimation. Héloïse, «réduite» au cloître parce que son mari est émasculé, Héloïse dévouée à Dieu, abbesse mais toujours brûlante de désir charnel inassouvi et incapable d'en effacer le souvenir — quand le corps a dansé, il est bien difficile de lui faire oublier la musique —, Héloïse demandait des comptes à Dieu, se révoltant contre la foi qui nie le corps, le pousse au mépris, Héloïse qui se dit traîtresse parce qu'elle ne renie pas ses sens me semble incarner à la perfection un déchirement humain qui a traversé toutes les époques.

La fin de cette pièce, la réconciliation, est sûrement de la pure fiction, mais je ne pouvais pas imaginer autrement Héloïse.

LA LANGUE

Voici l'autre aspect de l'histoire qui fut la plus grande tentation.

Comment une auteure de la fin du XXe siècle pourrait-elle rendre intelligible la musique d'un «parler» disparu depuis huit siècles? Comment rendre une sonorité, une structure grammaticale qui n'ont plus cours sans perdre l'intelligence du discours?

Mes recherches ont été captivantes et... incomplètes. Plus j'avançais, plus la langue se complexifiait, plus la beauté en devenait éblouissante et sybilline.

Rapidement, je me suis vue acculée à un choix: ou j'étudiais toute ma vie et n'écrivais cette pièce qu'à soixante-dix ans (ce qui devenait un pari de longévité personnelle) ou j'avouais mes lacunes de philologue et de linguiste pour affirmer une liberté créatrice. La deuxième option emporta mon choix.

Il y a dans cette pièce des variations de vocabulaire (par exemple, désir et désirance s'y côtoient) des inégalités de structures qui ne sont pas du tout fidèles à la construction connue de la langue du XIIe siècle et des choix de termes plutôt discutables au point de vue sémantique. Ce n'est ni un accident, ni un manque patent de rigueur intellectuelle.

Là encore, comme pour le rapport à l'«Histoire», ma ligne de conduite a été très libre: m'appuyer sur certaines vérités linguistiques vérifiées, mais laisser le style s'échapper du carcan de la reproduction scolaire et fidèle. D'où un certain laxisme que je qualifierais de poétique. Ce n'est pas une nonchalance qui a conduit mes choix, mais bien une double volonté: d'abord, que le texte soit libre, qu'il soit porté par la force des mots même s'ils appartiennent à une époque enfuie mais aussi que le public y ait accès directement, sans avoir à recourir à un glossaire. Je désirais parler dans une langue devenue presque étrangère mais communiquer tout de même.

Ce qui a produit un effet de complexité croissante dans la pièce: la phrase, plus simple, moins truffée de mots inconnus ou à saveur exotique au début de la pièce se complique peu à peu, à mesure que la pièce se déroule et que le spectateur a eu l'occasion d'assimiler certains termes au fil du discours.

Une seule autre règle a régi l'écriture: n'utiliser que des mots (qu'ils soient transcrits dans leur forme contemporaine, ancienne ou poétique) dont la racine étymologique provient du

XIIe siècle ou le précède. Là encore je crois avoir dévié de ma règle une ou deux fois, mais je le dis de façon préventive parce que je crois, pour y avoir travaillé sans arrêt et en avoir toujours débusqué, que l'erreur honteuse est non seulement possible mais fort probable.

Mais, plus sérieusement, ce texte est avant tout pour moi une aventure poétique qui ne témoigne pas tant de ma «savance» que de ma passion féroce pour le langage.

MARIE LABERGE
mars 1992

Autour de Pierre

La conversation qui suit a eu lieu le 2 mars 1992, au moment où le travail en vue de la création était amorcé depuis quelques semaines. Les propos de l'auteure et de la metteure en scène, Martine Beaulne, ont été recueillis par Diane Pavlovic.

La pièce est présentée comme un «poème dramatique»: que suppose cette désignation?

Marie Laberge: Quand j'ai écrit le texte, je l'entendais sous une forme davantage scandée que dialoguée. Une fluidité poétique me semblait émaner de cette langue et je n'ai pas lutté contre elle. *Pierre* n'est pas un «drame» au sens traditionnel; construit comme un poème, il dramatise la langue, la met en scène par le choix des mots comme par la façon dont les phrases se fracassent les unes contre les autres. Malgré un propos moderne, la forme recule dans le temps et rejoint l'ancêtre de la pièce de théâtre: le poème dramatique. Cette découverte, en cours d'écriture, m'a procuré l'impression de revenir à la source.

Martine Beaulne: Malgré son lyrisme, cependant, le texte n'est pas un flot continu, et on ne doit pas en faire un récital de poésie; il faut entrer dans les mots et non les tenir à distance. Sur le plan du rythme, modulé selon diverses émotions, je veille à détacher les moments de médi-

tation des scènes où interviennent Guillemette et
Pierre le Vénérable. Des univers distincts sont
convoqués ici: le présent d'une part, et de l'autre,
tout ce qui est de l'ordre de la remémoration.

*N'est-ce pas une coupure, ce texte, dans l'œuvre de
Marie Laberge?*

M. L.: Malgré sa relative nouveauté dans l'en-
semble de mes pièces, je ne le perçois pas
comme une coupure. Plusieurs petits cailloux
semés dans mes textes antérieurs me mènent à
lui. Ma recherche linguistique est constante: déjà
dans *Ils étaient venus pour...*, dans *l'Anse à Gilles*,
j'étais allée chercher la langue ailleurs qu'en moi.
Un auteur dramatique doit avoir un sens de la
texture sonore; l'oralité est la base même du
théâtre. À partir d'un réel qu'il a absorbé, l'écrivain crée un son qui lui est propre, et mes pièces
témoignent toutes de la même obsession du mot
qui, lorsqu'il éclate aux oreilles, porte un sens en
plus. J'écris des poèmes depuis des années, sans
jamais les montrer car la poésie me fait très peur:
pour moi, elle est la quintessence de la litté-
rature. *Pierre*, dans ce contexte, n'est pas un
accident, et son contenu n'en est pas un non
plus; un écrivain n'a malheureusement qu'une
ou deux obsessions autour desquelles tourner...
Les miennes, ce sont l'amour et la mort. Et
l'amour inclut la sexualité. L'origine de *Pierre*,
c'est l'amour qu'Héloïse a été obligée de châtrer
en elle parce qu'un homme avait été châtré.

*C'est donc Héloïse qui vous a menée au Moyen
Âge?*

M. L.: C'est elle, oui. Le Moyen Âge porte une
part de mystère qui permet de rêver — j'aime me
dépayser grâce à un texte —, mais il fait état,
aussi, d'un rapport avec la vie beaucoup plus

simple, beaucoup plus franc que celui des époques qui ont suivi.

M. B.: Les mots de *Pierre* ont ce côté cru et direct qui mord dans les choses.

Quelle part la pièce emprunte-t-elle à ce que l'on sait de la fable «réelle»?

M. L.: On ne pourra jamais connaître vraiment le fond de cette histoire; j'ai retenu la date du transport du corps d'Abélard, et j'ai évalué le temps du voyage. Le véritable déclencheur fut la découverte, au fil de mes lectures, que Pierre le Vénérable, devant la requête d'Héloïse quant au corps, l'a déterré de lui-même sans permission. Une version contestée, mais qui me plaît, affirme même qu'il a livré le corps en personne pour voir cette femme: on est ici dans un intérêt tout humain. J'ai donc décidé d'imaginer, d'écrire cette nuit-là. Je veux moins témoigner de l'histoire dont je m'inspire que d'une intériorité inventée, qu'elle soit exacte ou non. Je ne rends pas justice à Héloïse mais à un déchirement, qui me semble convenir à Héloïse comme à nous.

La nuit, l'abbaye: un lieu clos, un temps secret. Ce recueillement dans un enclos retiré, ce moment hors du quotidien étaient-ils nécessaires aux paroles qui doivent y être dites? Doit-on mettre ces effets de distance en rapport avec les barrières métaphoriques qui entravent Héloïse? Comment les suggère-t-on sur scène?

M. B.: Le décor n'est pas une reconstitution, mais une construction dont certaines lignes, comme les arches, font référence à l'histoire. Il a fallu composer avec le lieu de création: le Café de la Place, avec sa scène à trois côtés et ses petites dimensions, impose une mathématique de l'espace bien précise. L'intimité qu'il ménage comporte sa part de contrainte, et certains choix de mise en scène y sont liés. Suggérer dans ce lieu les dimensions d'un cloître implique que l'on allonge les murs vers une ligne de fuite... Le cloître offre une contradiction intéressante dans le jeu qu'il ménage entre intérieur et extérieur; l'extérieur continue à entrer même s'il n'existe plus pour ceux qui vivent là. La scène comporte ainsi deux lieux: celui où Héloïse se tient et, derrière les arches, le lieu d'arrivée de Pierre le Vénérable, le lieu des passages. Le privé est de la sorte enchâssé au sein de la collectivité; la solitude au centre, et le bruissement de la communauté autour. Dans un cloître se combattent aussi le froid et le chaud, la chaleur de la lumière et la froideur des matériaux...

La chaleur du feu également, lequel perce la nuit.

M. B.: La nuit comporte mouvements et tumultes. On n'y réfléchit pas de la même façon que le jour; tout y est plus rapide. Il y a un moment de la nuit, comme dans la première rencontre entre Pierre le Vénérable et Héloïse, où les choses s'activent.

M. L.: L'angoisse règne, la nuit. Je crois que cette dernière occupe presque toutes mes pièces. *L'Homme gris*, *Jocelyne Trudelle*, *Aurélie* ne se passent que la nuit, là où tout bouge et prend son sens, où les gens meurent plus facilement et, chose importante, où le corps règne. Discipliné le jour, il laisse libre cours, la nuit, à son besoin de sommeil ou d'exaltation des sens...

Dans ce contexte nocturne, quel est le rôle de Guillemette?

M. B: Celui de la vie, de la lumière; elle a incarné Dieu en elle, mais elle le vit au présent. Le choix pour elle est clair, précis, net, et une telle pureté dérange autant Pierre le Vénérable qu'Héloïse. Guillemette est un lieu en elle-même.

M. L.: En écrivant, j'ai eu tout à coup besoin d'elle, besoin d'un élément qui témoigne d'autre chose que de la noirceur de la nuit. Je voulais une pleine lune quelque part: c'est elle. Elle est de ces rares personnes qui, à l'abri, sont épargnées de la lourdeur de vivre. Certains êtres, battus par les vagues, se déchirent sur leur rocher tandis que d'autres sont de petites roches rondes dans l'océan qui roulent, tout simplement. Guillemette est en état de grâce. Elle n'a pas eu à suivre de loi car elle est tissée à même la règle. Sans que ce soit par sottise ni par manque de lucidité, un certain type de question, qui vient de la conscience du poids du monde, ne l'effleurera jamais. Elle ne se demande pas ce qui l'a faite comme elle est: elle est.

M. B.: C'est pourquoi son âge, bientôt vingt ans, est important. Ce n'est pas, comme si elle avait quinze ans, de la naïveté ou de l'insouciance. Pour elle, les choses sont ce qu'elles sont. Guillemette est un vent frais, un fruit plein: la vie entière.

La pièce se déroule autour du corps d'Abélard mort. On aurait pu imaginer un dialogue entre Abélard et Héloïse, ou même un soliloque d'Héloïse au moment de la séparation. Ici, bien après les événements, elle est devant le cadavre, et elle parle. Comment s'est imposée cette idée, qu'est-ce que la présence du corps entraîne?

M. L.: Le moment de récupération du cadavre impose nécessairement une brisure. Les années d'abandon qu'a vécu Héloïse étaient nourries d'espoir tant qu'Abélard était vivant. Devant la

mort, plus de leurre possible. C'est une fin irré-
vocable et, à partir de là, il faut s'arranger avec la
vie. Ce corps déposé comme une roche au milieu
du cloître marque le bloc inerte de la vie passée
d'Héloïse autant que le peu d'importance, au
fond, de ce que nous sommes: Abélard, ce n'est
plus qu'un sac, et Héloïse, devant ce sac, est
remise à elle-même. Son désir n'est pas mort
mais elle n'a d'autre choix que de faire face à
cette réalité qui gît, là, devant elle.

Il lui faut finir, faire l'autopsie de son passé.

M. B.: Scéniquement, la présence du corps est
primordiale; il agit comme un point d'ancrage
qui ramène obligatoirement les personnages au
cycle biologique. Pendant les discussions
d'Héloïse avec Pierre le Vénérable, la mort est là,
rappelant le terme inévitable — une charogne —
de tout être. En attendant, que fait-on de sa vie?
Les tourments passés, la contenance actuelle,
tout prend une texture différente autour de ce
sac à la fois symbolique et très concret.

M. L.: Comme actrice, je suis d'ailleurs incapable d'y toucher, même s'il était dit dans le
texte qu'Héloïse touche le sac!

*Diriger l'auteure, au fait, est-ce ardu? Où inter-
vient l'univers de la metteure en scène?*

M. B.: La présence de l'auteure est précieuse
dans le travail d'analyse du texte. Ensuite, dès
qu'on joue dans l'espace, je l'oublie. C'est une
comédienne qui est là, et je la dirige selon mes
instincts. J'avais déjà dirigé Marie dans d'autres
productions, alors pour moi, il est clair que je
suis face à la comédienne lorsque je m'adresse à
elle.

M. L.: Je ne me sens pas investie de la vérité
quand je joue un de mes textes; l'auteure est
morte lorsqu'intervient l'interprète. Je ne nie pas

que j'ai du texte une connaissance viscérale, mais je ne l'aborde pas du même angle selon que je suis auteure ou actrice.

La langue provient-elle d'une recherche stylistique appliquée à la vérité historique, ou ne veut-elle qu'évoquer une couleur d'«époque»? Par exemple, les personnages font souvent l'élision du pronom personnel sujet — «je» — , alors que le Moyen Âge ne la faisait pas forcément.

M. L.: J'ai fouillé surtout le vocabulaire; en tant que femme du vingtième siècle, mon propos vise à évoquer un son ancien, lequel, de toute façon, n'est pas vérifiable scientifiquement. Je recherchais une musique, et je voulais en même temps que les gens saisissent tous les mots. Me laissant guider par des critères esthétiques — «désirance» donne longueur et langueur au mot «désir» —, j'ai pris plusieurs libertés quant aux formulations médiévales, tout en m'imposant comme règle de n'utiliser que des mots connus en 1142. «Impie», que je trouvais intéressant, est ainsi devenu «païen», le mot «impie» datant du treizième siècle. Pour le reste, j'ai créé ma propre rythmique instinctivement, entre autres en allant directement au verbe. Le son, le glissement des phonèmes m'importent avant tout: le débat intellectuel est physique dans ses mots.

M. B.: On sent, à l'écoute, ce rythme des mots; les sons font image. Un mouvement de course peut être perçu dans une phrase où les «c» abondent, à d'autres moments on dirait de l'eau, tellement il n'y a aucune consonne dure...

Le spectacle comporte en outre de la musique; quelle en est la fonction?

M. B.: Les offices rythment la nuit. Quant aux autres moments musicaux, puisés au répertoire médiéval, ils doivent révéler l'intériorité des protagonistes. Le dosage est délicat; en respectant les silences du texte, il faut arriver, en fait, à faire entendre la musique intérieure d'Héloïse, créer un mouvement à même une langue qui est déjà musicale. Je parlais d'alternance entre intérieur et extérieur à propos du décor, mais cette tension des contraires est présente ailleurs: entre le plancher de bois — l'enracinement à la terre — et le chant des religieuses qui s'élève dans la vastitude du cloître... L'environnement d'Héloïse est fait de tout cela: le haut, le bas, le dehors, le dedans, l'obscurité, la lumière, le chant; au milieu, des êtres qui cherchent.

Héloïse est au centre d'un cosmos qui s'organise... C'est la dominante du spectacle?

M. B.: Les personnages sont avant tout des humains; pour que leur débat se rende jusqu'à nous, il leur faut être incarnés. Les acteurs doivent s'approprier la langue au point qu'elle leur devienne naturelle; liée à leur souffle. Il m'a semblé important de montrer Héloïse comme une femme seule, emprisonnée avec ses questions dans un lieu très vaste: elle est un petit point dans la nuit, un axe qui vacille, un tremblement qui épouse tous les états du sentiment amoureux.

L'amour traverse plusieurs phases, ici, depuis le désir, la rage, la révolte du «Pourquoi m'as-tu abandonnée?», jusqu'à l'apaisement final.

M. L.: Lequel est en effet une réconciliation intérieure. Le désir est ce qui tient Héloïse debout, et le drame est qu'il n'a soudain plus d'objet. Le désir, pour moi, est synonyme d'envie de vivre. La vie termine son cours lorsque meurt l'espoir.

Pierre le Vénérable fait à Héloïse une magnifique déclaration d'amour, un amour d'une nature différente, cependant, de celui d'Héloïse. Pourquoi avoir juxtaposé ces deux discours?

M. L.: Jusqu'à sa rencontre avec Héloïse, l'amour, pour Pierre, est une manifestation intellectuelle; il réconcilie donc plus facilement l'ordre charnel et l'ordre divin. Le fait de ne pas connaître la chair, en effet, change tout: confiné à la théorie, cet homme était toujours resté extérieur à ce dont il parlait. Or, devant Héloïse, il avoue qu'il jetterait son âme pour connaître une fois la profondeur de son ventre, et admet de la sorte la prépondérance du corps sur l'esprit; il connaît le choc du désir. Devant ce heurt charnel bouleversant, son amour/foi devient amour/vie. Héloïse, elle, connaît le choc contraire: son amour/vie se brise sur le sac du mort. Deux mouvements contraire qui provoquent la même issue: la réconciliation. Pierre le Vénérable, lui, a vécu dans l'inconscience, d'où le choc de sa confrontation avec Héloïse: cette rencontre est chargée pour lui d'un heurt charnel bouleversant.

Quel est en fait, pour chacune de vous, l'enjeu profond de la pièce?

M. L.: Le tourment de l'être humain aux prises avec ce qu'il est, sans appartenance à une quelconque puissance supérieure. Je suis une incroyante; l'humain, à mon avis, est toujours seul pour négocier avec ce qui l'agite. S'en remettre à Dieu n'est pas une solution lorsqu'on ne comprend pas. *Pierre* est une pièce sur le courage de vivre, en toute lucidité, des choses qui n'ont pas de sens. Elles n'en ont pas. Je ne sais pas pourquoi on vit. Pour l'athée et la charnelle que je suis, chacun est responsable de son existence, laquelle, comportant des limites, est enclose dans quelque chose de fermé.

M. B.: D'où l'urgence de vivre dans l'instant présent. J'aimerais que les gens, en sortant du théâtre, aient envie de vivre, tout de suite, ce qu'ils ont à vivre. C'est court, la vie.

Le «Pierre» du titre se rapporte à la fois à Abélard, à Pierre le Vénérable, et au roc que vous évoquiez plus tôt. Le seul fait de dire «Pierre» pour Abélard, d'ailleurs, déplace l'histoire connue pour la faire pencher du côté de l'intime, du privé: la tradition désigne habituellement Abélard par son nom de famille.

M. L.: Je voulais que le titre puisse se rapporter aux deux hommes — Pierre est aussi un prénom courant au Moyen Âge —, et à toutes les pierres dans lesquelles Héloïse est enfermée; cette présence du minéral évoque pour moi le sel cristallisé, comme si tout ce qui avait déjà été humide était subitement devenu sec. Le sous-titre, *la Consolation*, renvoie autant à l'abbaye du Paraclet qu'à ce besoin terrible que l'on a, sur terre, d'être consolé, et qui ne pourra jamais être apaisé hors de soi, sinon par la beauté. Le seul moment où Héloïse est consolée, c'est quand elle regarde l'aube: un trait de silence s'impose, le monde s'arrête, la douleur est suspendue dans l'air. Un instant de répit...

Sur lequel se clôt la pièce. Il y est beaucoup question de Dieu: une autre forme d'apaisement?

M. L.: Pour moi, Dieu est une instance exté-rieure, un palliatif quant à l'impuissance humaine. Devant l'impuissance, on crie, et certains crient «Dieu». Il me fascine comme me fascine toute forme d'absolu; Dieu est l'un des excès les plus fabuleux inventés par l'homme.

Il n'intervient donc pas en tant que manifestation du sacré.

M. L.: Non; le sacré, c'est Héloïse qui le détient, car le sacré c'est le désir, c'est la vie, c'est l'inscription en soi-même de ce que l'on est. Dieu est hors de la vie et pour moi c'est ça, le péché: le vrai péché consiste à fuir la chair, le concret, le quotidien.

Le Moyen Âge est aux prises avec ces notions: Lancelot échoue dans la quête du Graal pour avoir commis le péché de chair... Le désir, même avant la période de l'amour courtois, était éminemment politique, parce qu'il se situait hors de toute loi, de tout code. La production mettra donc l'accent, pour sa part, sur le libre épanchement de cette sensualité?

M. B.: Sous les lignes rigides des vêtements des religieuses, on sent ici, en effet, le corps et ses mouvements; le tissu est une seconde peau et, à cette image, toute la mise en scène est axée sur la sensualité. Le public perçoit les effluves de l'encens, caresse les pommes du regard, entend les voix qui chantent. J'ai voulu mettre tous ses sens en éveil afin que, comme Héloïse, il fasse un trajet sensuel. Ce dont discutent Héloïse et Pierre le Vénérable, c'est de l'être entier avec sa raison, son corps, ses pulsations. Les feuilles mortes, au début de la pièce, marquent l'invasion de l'extérieur*, le bonheur qui s'est asséché, mais elles marquent aussi la présence du vent, le fait que les choses bougent et passent, éphémères comme la nuit; et ce qui nous permet d'agir, c'est qu'on a déjà senti, touché, marché. Cette sensua-

---

* Note: Pour des raisons techniques, il a fallu renoncer à ces feuilles mortes, qui faisant trop de bruit. Le concept initial n'a donc pas pu être réalisé.

lité est la même dans la langue; là encore règne le tiraillement, la beauté des phrases contrastant avec la souffrance qu'elles véhiculent. Cet état me trouble beaucoup... C'est grâce à la sensualité qu'on peut, à un certain moment, accepter d'entrer dans la souffrance, mais ce contraste en lui-même ne finira jamais de me fasciner. Qu'est-ce qu'un cloître? De belles lignes apaisantes, alors même que ce qui s'y vit est terrible. *Pierre* parle de cela: on marche, on danse, on rit, on parle, on s'émerveille en tournant autour du sac.

Typographie et mise en pages:
Les Éditions du Boréal

Achevé d'imprimer en avril 1992
sur les presses des Ateliers graphiques
Marc Veilleux à Cap-Saint-Ignace